M Hoferer

Lessings Emilia Galotti

M Hoferer

Lessings Emilia Galotti

ISBN/EAN: 9783744639415

Hergestellt in Europa, USA, Kanada, Australien, Japan

Cover: Foto ©ninafisch / pixelio.de

Weitere Bücher finden Sie auf **www.hansebooks.com**

Sammlung
Deutscher Dichtungen und Prosawerke,
für den Schulgebrauch herausgegeben
von August Brunner.

XVII.

Lessings

Emilia Galotti

Erklärt

von

M. Hoferer,

k. Gymnasialprofessor.

Bamberg.

C. C. Buchner Verlag

Rudolf Koch

1895.

Druck der K. Universitätsdruckerei von H. Stürtz in Würzbur-

This photocopy replacement was made

from the best available copy. Some

text is missing from pp.103-106.

The Ohio State University Libraries 8/1998.

Einleitung.

I. Entstehung und Fabel des Dramas.

Lessings gesamtes literarisches Wirken läßt sich in drei Jahrzehnte zusammenfassen, von 1749—1781. Der erste Abschnitt reicht bis zu seinem 30. Lebensjahre (1759) und zeigt uns den werdenden Lessing, der sich nach allen Seiten ausbreitet und sich in allen wissenschaftlichen und künstlerischen Formen versucht. Mit dem Jahre 1759 beginnt die Periode seiner völligen Reife. Bis zum Schlusse der sechziger Jahre erscheinen die kritischen Meisterwerke (Literaturbriefe, Laokoon, Hamburgische Dramaturgie) und Minna von Barnhelm. Im letzten Jahrzehnt beschäftigen Lessing fast ausschließlich theologische Studien. Freilich hat er manchmal noch, wie er selbst sagt, einen theatralischen Einfall, dem er nachgeben muß; aber es ist nicht bloß eine von den Abschwenkungen, die er seinem Geistesleben gestattet, als er 1772 Emilia Galotti ausarbeitet, es ist auch drückende Geldnot, die ihn veranlaßt, die letzte Hand an das Stück zu legen.

Die Fabel der Emilia Galotti hat zur ursprünglichen Grundlage den Bericht, den Livius in seiner römischen Geschichte (III 44 ff.) über die Ermordung der Virginia gibt. Darnach faßte Appius Claudius, das patrizische Haupt der Dezemvirn vom Jahre 450, böse Lust zu Virginia, der Tochter eines römischen Freien, des im Kriege abwesenden plebejischen Hauptmannes L. Virginius. Das Mädchen, das überdies bereits mit einem angesehenen Plebejer verlobt war, wies die schimpflichen Anträge des von wahnsinniger Leidenschaft

1*

entbrannten Dezemvirs entrüstet ab. Nun veranlaßte dieser einen seiner Klienten, auf offener Straße Hand an das Mädchen zu legen und es sich zu eigen zu erklären als die Tochter einer seiner Sklavinnen, die dem Virginius nur untergeschoben worden sei. Aber die umstehende Menge nahm sich der bedrohten Jungfrau an und schützte sie vor der plötzlichen Entführung. Da rief der Klient die gerichtliche Entscheidung des Appius Claudius an, und nur mit Mühe vermochten der Oheim und der Bräutigam des Mädchens von dem Dezemvir den Aufschub des Urteilsspruches auf den folgenden Tag zu erlangen, um zuvor noch den Virginius von dem Vorgefallenen zu verständigen. Aber trotz der Einwände und Beteuerungen des rasch herbeigeholten Vaters wurde die Jungfrau dem Klienten zugesprochen. Seiner Beute sicher, gewährte jedoch Appius Claudius dem Hauptmann auf seine flehentliche Bitte die Erlaubnis, mit Virginia und deren Amme einige Worte allein zu sprechen, damit ihm das Scheiden von dem Mädchen, das er so lange Zeit für seine Tochter gehalten habe, um so leichter würde, wenn sich aus der Zwiesprache die Wahrheit der gegnerischen Behauptung ergäbe. Diese Gelegenheit benutzte Virginius, um seine Tochter vor dem entehrenden Lose der Sklaverei und der Schande zu bewahren. Von dem Richterstuhle mit den beiden hinwegeilend, trat er zu den nahen Fleischerbuden, ergriff von einer der Bänke ein Messer und stieß es der Tochter ins Herz. Die verzweiflungsvolle That brachte das erbitterte Volk zur Empörung, die Zehnmänner mußten abdanken, eine neue Ordnung der Dinge sicherte die bedrohten Rechte und Freiheiten. Appius Claudius starb, wahrscheinlich von seiner eigenen Hand, im Gefängnis.

Lessing trat der Geschichte der Virginia schon 1754 näher, als er in seiner „Theatralischen Bibliothek" einen Auszug der 1750 entstandenen Virginiatragödie des Spaniers Montiano y Luyano veröffentlichte. Er empfahl damals das spanische Drama, das im übrigen ganz nach dem französischen Geschmacke modelt war, als klassisch (später urteilte er in der „Dramaturgie" darüber ganz anders) und fühlte sich von dem Stoffe so angezogen, daß er gleichfalls eine Virginia zu dichten beschloß. Von solchem Versuche ist aus dem Jahre 1756 oder 1757 noch ein Auftritt erhalten.

Nicht lange nachher setzte Lessings Freund Nikolai, der Herausgeber der „Allgemeinen deutschen Bibliothek" einen Preis für das beste deutsche Trauerspiel aus. Durch das Ausschreiben angeregt, faßte Lessing schon damals den Gedanken, die antike Virginia in eine moderne Emilia Galotti umzuwandeln. Am 21. Januar 1758 berichtet er Nikolai von einem jungen Tragikus, womit er sich selbst meint: „Er arbeitet ziemlich wie ich. Er macht alle sieben Tage sieben Zeilen; er erweitert unaufhörlich seinen Plan und streicht unaufhörlich etwas von dem schon Ausgearbeiteten wieder aus. Sein jetziges Sujet ist eine bürgerliche Virginia, der er den Titel Emilia Galotti gegeben. Er hat nämlich die Geschichte der römischen Virginia von allem dem abgesondert, was sie für den ganzen Staat interessant machte; er hat geglaubt, daß das Schicksal einer Tochter, die von ihrem Vater umgebracht wird, dem ihre Tugend werter ist als ihr Leben, für sich tragisch genug und fähig genug sei, die ganze Seele zu erschüttern, wenn auch gleich kein Umsturz der ganzen Staatsverfassung darauf folgte. Seine Anlage ist nur von drei Akten, und er braucht ohne Bedenken alle Freiheiten der englischen Bühne. Mehr will ich ihnen nicht davon sagen; so viel aber ist gewiß, ich wünschte den Einfall wegen des Sujets selbst gehabt zu haben. Es dünkt mich so schön, daß ich es ohne Zweifel nimmermehr ausgearbeitet hätte, um es nicht zu verderben". Die Arbeit gedieh jedoch zu keinem Abschlusse. Als Lessing 1765 von Breslau nach Berlin zurückkehrte, sah Nikolai den Entwurf; die Rolle der Orsina war darin noch nicht vorhanden. Erst gegen Ende des Jahres 1771, im zweiten Jahre seines Wolfenbütteler Aufenthaltes, nahm Lessing das Werk wieder ernstlich vor; am 1. März 1772 war es in der jetzigen Gestalt vollendet.

Indem uns Lessing in seinem Drama einen der kleinen Höfe vorführt, die zur Zeit Ludwigs XIV. und später das genußsüchtige und gewissenlose Treiben des französischen Hofes nachäfften (am braunschweigischen Hofe lernte Lessing ähnliche Zustände kennen), gewinnt die Dichtung einen zeitgeschichtlichen Charakter und eine weitergehende Bedeutung. Durch die Aufrollung eines erschreckenden Gemäldes des fürstlichen Egoismus that Lessing in der Emilia Galotti, wie Goethe sagt, den entschiedensten Schritt gegen die Großen.

Guastalla (am Po gelegen zwischen Cremona und Ferrara), der Schauplatz der Handlung, war einst die Hauptstadt eines kleinen Herzogtums des Hauses Gonzaga, eines sehr alten Geschlechtes, von dem mehrere Glieder Kunst und Wissenschaft pflegten, aber diesen Ruhm wieder durch empörende, aus Sinnlichkeit verübte Verbrechen verdunkelten. Das Geschlecht war bereits in Lessings Jugendzeit 1746 erloschen. Einen Hettore Gonzaga kennt die Geschichte nicht; ebenso ist auch die ganze Begebenheit im Anschluß an verschiedene Motive aus der Geschichte der Virginia frei erfunden. Auf historischer Grundlage beruht dagegen die Anspielung auf einen Prozeß, den die Herzoge von Guastalla im 17. Jahrhundert um Sabionetta führten.

II. Bedeutung des Dramas in der dichterischen Entwicklung Lessings.

Zur dramatischen Poesie hatte Lessing seit seinem ersten Leipziger Aufenthalt (von 1745 an, als er die Universität bezog) eine Art persönlichen Verhältnisses. Durch die Vermittlung einiger Freunde war er damals mit Schauspielern der Neuberschen Truppe in Beziehung getreten, und dieser Verkehr hatte ihn auch dazu geführt, Theaterstücke zu schreiben. Lessings dramatische Jugendarbeiten (Lustspiele wie der junge Gelehrte, die Juden, der Freigeist) ruhten trotz einzelner Regungen selbständigen Geistes ganz und gar auf dem von Gottsched bereiteten Boden der französi=

schen Regelmäßigkeit (vor allem der sogenannten drei Ein=
heiten). Charakteristischer ist ein Versuch, den Lessing zu
jener Zeit (1749) in der Tragödie machte. Bei den
französischen Mustern galt es als ein Hauptgesetz, daß der
Stoff des Trauerspieles einer dem Altertum nahen Zeit
entnommen sein oder, wenn nicht zeitlich, so doch wenigstens
räumlich abliegen müsse. Lessing aber wählte zu seinem
Samuel Henzi — ein Bruchstück von dem Versuche ist
noch vorhanden — einen Stoff, der geradezu dem Tage
angehörte und aus der unmittelbaren Nähe stammte (Henzis
Verschwörung gegen den Berner Rat hatte im selben Jahre
stattgefunden). Die darauf folgenden kritischen Bemühungen
(in den „Beiträgen zur Historie und Aufnahme des Theaters",
1749—50, und in der „Theatralischen Bibliothek", 1754
bis 1758) führten zu einer Umschau in der gleichzeitigen
dramatischen Literatur Europas und regten den an Er=
kenntnissen mannigfach Bereicherten von neuem zur pro=
duktiven Thätigkeit auf dramatischem Gebiete an. Mit
Miß Sara Sampson (1755) that er denn auch wirklich
in Deutschland den ersten Schritt zu einer freieren Be=
wegung in der Darstellung tragischer Begebenheiten. Er
warf das französische Gewand ab (statt der Alexandriner
haben wir Prosa; die Einheit des Ortes ist preisgegeben)
und machte zur Grundlage seiner „bürgerlichen Tragödie"
einen der vielfältigen sittlichen Konflikte des modernen Fa=
milienlebens, die sich dem Forum gerichtlicher Entscheidung
entziehen (also keine Schicksale alter Könige oder Fürsten;
auch nicht rohe, schauerliche Begebenheiten des alltäglichen
Lebens, wie man sie in England auf die Bühne zu bringen
begonnen hatte). Freilich verursachte die nach der Weise
des englischen Romanschreibers Richardson angestrebte Ent=
wicklung des inneren Lebens eine für unsern Geschmack un=
erträgliche Redseligkeit und Weitschweifigkeit der Darstellung.
In Briefen an Moses Mendelssohn begründete Lessing
auch schon (1757) seine von der bisherigen Auffassung ab=
weichende Erklärung der aristotelischen Definition vom Wesen

des Tragischen. Es war ihm vor allem darum zu thun, die Meinung zurückzuweisen, daß der Zuschauer die tragische Darstellung nicht als Mitleidender, sondern als Bewunderer empfinden solle. Von den Plänen der damaligen Zeit kam nur das einaktige Trauerspiel P h i l o t a s zur Ausführung. Auch Philotas ist aus dem unmittelbaren Leben der Zeit herausgegriffen; denn Lessing gab darin, wenn er die Hand= lung auch in das Altertum verlegte, die Stimmungen wieder, die damals in Norddeutschland durch die Waffenthaten Friedrichs des Großen und den Aufschwung des preußischen Staates lebendig geworden waren. Nach der Seite der Theorie bedeutet das Drama eine Art Vermittlung zwischen den zwei entgegengesetzten Auffassungen vom Wesen des Tragischen, da Lessing sich bestrebte, in dem Zuschauer oder Leser in gleicher Weise Mitleid und Bewunderung zu er= regen. In Bezug auf die Form herrscht, abgesehen von der Prosafassung, die alte Strenge.

In den Literaturbriefen (von 1759 an) führte Lessing den Kampf gegen Gottsched und den französischen Geschmack weiter und empfahl den Deutschen Shakespeare, von dem er im 17. Briefe erklärte, daß er in seiner Regellosigkeit dem Aristoteles näher komme als die Franzosen. Und so wollte er auch nach Shakespeare einen Faust dichten, da er in der volkstümlichen Faustsage viele mit shakespearischen Zügen verwandte Momente fand. Zur selben Zeit bearbeitete er das „Theater des Herrn Diderot", eines zeitgenössi= schen französischen Dichters und Kritikers (1713—1784; er ist berühmter geworden als Mitherausgeber der Enzy= klopädie), der gegen die heroische Tragödie theoretisch und praktisch ankämpfte und den Standpunkt der Wirklichkeit betonte.

Während seines Breslauer Aufenthaltes (1760—65) ergriff Lessing einen großen Moment der Zeitgeschichte und schuf unser erstes Nationalbühnenstück, das Lustspiel M i n n a v o n B a r n h e l m. Das in jeder Beziehung meisterhafte Werk bedeutet auch in der Form der sprachlichen Darstellung die Höhe der Lessingschen Kunst, da es die glückliche Mitte

hält zwischen der Breite der Sara Sampson und der Knapp=
heit und epigrammatischen Schärfe der Rede in Emilia
Galotti.

Mit der „Hamburgischen Dramaturgie" (1767—69) er=
reichten dann die Auseinandersetzungen über die Theorie
des Dramas ihren Höhepunkt und Abschluß. Indem Lessing
die deutsche Bühne über ihre Nichtigkeit aufklärte, wies er
nach, daß die französische Tragödie — von der französischen
Komödie, von Molière, Marivaux, Destouches, spricht er mit
der lautesten Bewunderung — ebenfalls auf den schwächsten
Stützen beruhte. Als würdige, aber keineswegs sklavisch
nachzuahmende Vorbilder für die Deutschen stellte er Shake=
speare und die Meister der altgriechischen Tragödie auf.
Gegenüber den Mißdeutungen und Unterlegungen der Fran=
zosen erläuterte er die Grundgesetze der aristotelischen Poetik
aus ihrem Wesen und führte insbesondere auch die sogenannten
drei Einheiten (der Handlung, des Ortes und der Zeit)
auf ihre wahre Bedeutung zurück.

Nachdem Lessing in der Dramaturgie einen dramati=
schen Kodex aufgestellt hatte, entschloß er sich zur Aus=
führung des längst entworfenen Planes zu Emilia Galotti.
Sein Thun konnte nur dann berechtigt erscheinen, wenn es
einen Beleg seiner positiven Kritik enthielt. Auf folgende
Gesichtspunkte kam es dabei vor allem an.

1. Statt der herkömmlichen heroischen Tragödie war
mit Ausschluß jeglicher Staatsaktion ein Trauerspiel aus
der umgebenden Wirklichkeit zu schaffen (so nach Diderot
und anderen).

2. Nach Aristoteles durfte der tragische Held weder
ein ganz schuldloses Wesen sein — die überlieferte Vir=
ginia wäre dieses — noch ein völliger Bösewicht, da es
der Zweck der Tragödie ist, durch Erregung von Mitleid
und Furcht die Reinigung dieser Leidenschaften zu bewirken.
Eine weitere Forderung des Aristoteles betraf die Einheit
der Handlung.

3. Nach dem Beispiel Shakespeares mußte nicht bloß

Wahrheit und Wirklichkeit erstrebt werden mit Bezug auf die ge= gebenen Verhältnisse des geschichtlichen Augenblickes, sondern insbesondere eine Art Steigerung der Leidenschaft eintreten, ein Ausdruck wild aufflammender Empfindung stattfinden.

Inwiefern nun Lessing geleistet hat, was seine eigene Kritik erheischte, das muß die eingehende Lesung und Be= handlung des Dramas selbst ergeben.

III. Erste Aufführung; Beurteilungen.

Am 13. März 1772, also vierzehn Tage nach der Vollendung, am Geburtstage der verwitweten Herzogin, fand zu Braunschweig die erste Aufführung der Tragödie statt. Lessings Freunde waren begeistert. Den Tag darauf schrieb ihm Ebert (der bekannte Jugendfreund Klopstocks): „O unvergleichlicher Lessing! Wie gern wollte ich Ihnen meine Bewunderung, Rührung und Dankbarkeit, die ich gestern bei der Vorstellung Ihres neuen Stücks empfunden habe, lebhaft ausdrücken! — Nur so viel kann ich Ihnen sagen, daß ich durch und durch, mit Klopstock zu reden, laut gezittert habe. — O Shakespeare=Lessing! Die Geister Ihrer Personen spuken noch immer um mich her und schweben mir auf jedem Blatte, das ich lesen will, vor Augen. — Nachdem der Vorhang niedergelassen war, wurde von mir und einigen Mitverschworenen dem glorwürdigen Verfasser zu Ehren geklatscht. Bald darauf wurde eben das Stück auf künftigen Montag wieder angekündigt, und da klatschten wir von neuem. Der Erbprinz ist inkognito dagewesen und hat immer nachgelesen. Wenn er dadurch nur nichts von dem ungemein beredten Spiele der beiden vortrefflichen Weiber (der Darstellerinnen der Claudia und der Orsina) verloren hat!“ Innerhalb kurzer Zeit wurde dann Emilia Galotti auf allen bedeutenderen deutschen Bühnen gegeben und hat sich daselbst bis zur Gegenwart behauptet.

Mag nun auch die Aufnahme bald wärmer, bald kälter gewesen sein, für die Entwicklung der deutschen Schau=

spielkunst hatte das Drama jedenfalls eine Bedeutung wie kein zweites Werk. Deshalb gestand E. Devrient (Geschichte der deutschen Schauspielkunst): „Dieses Stück vollendete die Wohlthaten, welche Lessing der Schauspielkunst erwiesen. Er gab ihr darin Charaktere, welche an innerem Reichtum und Vollendung von keinem späteren Dichter übertroffen worden sind und dennoch den Darstellern so viel zwischen den Zeilen zu lesen, zu erraten und zu ergänzen übrig lassen. An sämtlichen Rollen von Emilia Galotti kommt die Schauspielkunst niemals zu Ende, sie findet unerschöpfliche Anregungen und Aufgaben darin".

Von großem Einfluß war das Drama auch auf Goethe und Schiller. Ersterer schien demselben zwar, wie er sich gleich nach seinem Erscheinen äußerte, wegen der verstandesmäßigen Behandlung der Scenenführung und des Dialoges nicht gut werden zu können, so ein Meisterstück es sonst sei, aber sein Egmont trägt verschiedene Spuren des Lessingschen Geistes. Schiller vollends hat in seinem Fiesko und besonders in Kabale und Liebe Emilia Galotti ganz unmittelbar vor Augen gehabt. Später freilich soll er weniger günstig darüber geurteilt haben.

Die zahlreichen Abhandlungen, welche sich auch in der neuesten Zeit noch mit Emilia Galotti beschäftigen, geben Zeugnis dafür, daß das Drama nach wie vor seine Anziehungskraft bewahrt. Seine ästhetische Bedeutung bleibt eben, wie ein Kritiker sagt, für alle Jahrhunderte unangetastet: es ist ein mustergültiger Kanon der tragischen Regeln wie, nach Aristoteles, der König Ödipus des Sophokles.

IV. Textgestaltung der vorliegenden Ausgabe.

Der Text zu Emilia Galotti wurde nach der kritischen Lessingausgabe von Lachmann-Muncker gestaltet. Die Abweichungen beziehen sich auf die Orthographie und in unwesentlichen Fällen auf die Interpunktion.

Emilia Galotti.

Ein Trauerspiel in fünf Aufzügen

von

Gotth. Ephr. Lessing

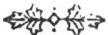

Personen.

Emilia Galotti.

Odoardo und Claudia Galotti. Eltern der Emilia.

Hettore Gonzaga. Prinz von Guastalla.

Marinelli. Kammerherr des Prinzen.

Camillo Rota. Einer von des Prinzen Räten.

Graf Appiani.

Gräfin Orsina.

Angelo, und einige Bediente.

Erster Aufzug.

Die Scene: Ein Kabinett des Prinzen.

Erster Auftritt.

Der Prinz an einem Arbeitstische voller Briefschaften und Papiere, deren einige er durchläuft.

Klagen, nichts als Klagen! Bittschriften, nichts als Bittschriften! — Die traurigen Geschäfte; und man beneidet uns noch! — Das glaub' ich; wenn wir allen helfen könnten, dann wären wir zu beneiden. — Emilia? (Indem er noch eine von den Bittschriften aufschlägt und nach dem unterschriebenen Namen sieht.) 5 Eine Emilia? — Aber eine Emilia Bruneschi — nicht Galotti. Nicht Emilia Galotti! — Was will sie, diese Emilia Bruneschi? (Er liest.) Viel gefordert, sehr viel. — Doch sie heißt Emilia. Gewährt! (Er unterschreibt und klingelt, worauf ein Kammerdiener hereintritt.) Es ist wohl noch keiner von 10 den Räten in dem Vorzimmer?

Der Kammerdiener. Nein.

Der Prinz. Ich habe zu früh Tag gemacht. — Der Morgen ist so schön. Ich will ausfahren. Marchese Marinelli soll mich begleiten. Laßt ihn rufen. (Der Kammerdiener 15 geht ab.) — Ich kann doch nicht mehr arbeiten. — Ich war

---

4) Oberflächlich in den Einläufen blätternd, sagt er achselzuckend und mehr leichtsinnig als gutmütig: „Wenn wir allen helfen könnten, dann wären wir zu beneiden." Ein gewisser Anflug von Philanthropie war übrigens den Fürsten des vorigen Jahrhunderts eigen.

6) Sprich: Bruneski.

14) Marchese (spr. Markese) ein italienischer Adelstitel, aus dem mittellat. marchio (Markgraf) entstanden.

so ruhig, bild' ich mir ein, so ruhig — Auf einmal muß eine arme Bruneschi Emilia heißen: — weg ist meine Ruhe und alles! —

20 **Der Kammerdiener** (welcher wieder hereintritt). Nach dem Marchese ist geschickt. Und hier ein Brief von der Gräfin Orsina.

Der Prinz. Der Orsina? Legt ihn hin.

Der Kammerdiener. Ihr Läufer wartet.

25 **Der Prinz.** Ich will die Antwort senden, wenn es einer bedarf. — Wo ist sie? In der Stadt? oder auf ihrer Villa?

Der Kammerdiener. Sie ist gestern in die Stadt ge= kommen.

30 **Der Prinz.** Desto schlimmer — besser, wollt' ich sagen. So braucht der Läufer um so weniger zu warten. (Der Kammerdiener geht ab.) Meine teure Gräfin! (Bitter, indem er den Brief in die Hand nimmt) So gut als gelesen! (und ihn wieder wegwirft.) — Nun ja, ich habe sie zu lieben geglaubt! Was glaubt 35 man nicht alles? Kann sein, ich habe sie auch wirklich ge= liebt. Aber — ich habe!

Der Kammerdiener (der nochmals herein tritt). Der Maler Conti will die Gnade haben — —

Der Prinz. Conti? Recht wohl; laßt ihn hereinkom= 40 men. — Das wird mir andere Gedanken in den Kopf bringen. — (Steht auf.)

Zweiter Auftritt.

Conti. Der Prinz.

Der Prinz. Guten Morgen, Conti. Wie leben Sie? 45 Was macht die Kunst?

---

24) Läufer (frz. coureur de voiture) Diener in besonderer Tracht, der vor und neben dem Wagen herzulaufen hatte und, wie hier, Botengänge machte; seit dem 17. Jahrhundert von Frankreich her eingeführt.

40) „Andere Gedanken" — das Gegenteil trifft ein (eine Art tragische Ironie).

Conti. Prinz, die Kunst geht nach Brot.

Der Prinz. Das muß sie nicht, das soll sie nicht, — in meinem kleinen Gebiete gewiß nicht. — Aber der Künstler muß auch arbeiten wollen.

Conti. Arbeiten? Das ist seine Lust. Nur zuviel 50 arbeiten müssen kann ihn um den Namen Künstler bringen.

Der Prinz. Ich meine nicht vieles, sondern viel: ein weniges, aber mit Fleiß. — Sie kommen doch nicht leer, Conti?

Conti. Ich bringe das Porträt, welches Sie mir be= 55 fohlen haben, gnädiger Herr. Und bringe noch eines, welches Sie mir nicht befohlen; aber weil es gesehen zu werden verdient —

Der Prinz. Jenes ist? — Kann ich mich doch kaum erinnern — 60

Conti. Die Gräfin Orsina.

Der Prinz. Wahr! — Der Auftrag ist nur ein wenig von lange her.

Conti. Unsere schönen Damen sind nicht alle Tage zum Malen. Die Gräfin hat seit drei Monaten gerade 65 einmal sich entschließen können zu sitzen.

Der Prinz. Wo sind die Stücke?

Conti. In dem Vorzimmer; ich hole sie.

---

46) „Die Kunst geht nach Brod", ars mendicat, wenn der Künstler von Bestellungen abhängt und gezwungen wird, in Er= findung und Anlage seines Werkes sich nach der verbreiteten Auf= fassungsweise zu richten.

47) „Das muß sie nicht", d. i. in keinem Falle, auch nicht bei Bestellung braucht sich der Künstler seiner subjektiven Freiheit, seiner Phantasie und seiner Auffassung des Ideals zu begeben.

49) In den Worten des Prinzen steckt der Vorwurf, daß der Künstler, der sich seiner Genialität überläßt, häufig der rechten Arbeits= freudigkeit ermangelt oder nicht zu abschließendem Schaffen gelangt.

51) „Um den Namen Künstler". Die Kunst als eine ideale Thätigkeit ist ohne Freiheit undenkbar. Vgl. den Ausdruck: artes liberales, freie Künste!

Dritter Auftritt.

70   Der Prinz.

Ihr Bild! — Mag! — Ihr Bild ist sie doch nicht
selber. — Und vielleicht find' ich in dem Bilde wieder,
was ich in der Person nicht mehr erblicke. — Ich will es
aber nicht wiederfinden. — Der beschwerliche Maler! Ich
75 glaube gar, sie hat ihn bestochen. — Wär' es auch! Wenn
ihr ein anderes Bild, das mit andern Farben, auf einen
andern Grund gemalet ist, — in meinem Herzen wieder
Platz machen will: — wahrlich, ich glaube, ich wär' es
zufrieden. Als ich dort liebte, war ich immer so leicht,
80 so fröhlich, so ausgelassen. — Nun bin ich von allem das
Gegenteil. — Doch nein; nein, nein! Behäglicher oder nicht
behäglicher; ich bin so besser.

75—78) „Wenn ihr ein anderes Bild (das der Emilia),
das mit andern Farben (mit dem Reize holdester weiblicher Unschuld) auf einen andern Grund gemalet ist (in sein von Bewunderung und Zuneigung erfülltes Herz sich eingeprägt hat) wieder Platz
machen will." Der Prinz fühlt sich in dem Bewußtsein seines tiefen
sittlichen Abstandes von Emilia so unglücklich, daß er für einen
Augenblick fast wünschen möchte, daß die Leidenschaft zu Orsina
wieder die Obergewalt in seinem Herzen gewinne. — „Platz machen
will" statt „wollte" wegen der Lebhaftigkeit, mit der sich der Prinz
den Fall als wirklich eingetreten vorstellt.

81) „Behäglich" ist die ältere und richtigere umlautende Form
(kläglich, unsäglich, täglich u. a., dagegen wieder fraglich, waglich).
Goethe schwankt noch zwischen behäglich und dem jetzt allein üblichen
behaglich.

82) „Ich bin so besser", wie man sagt: der Kranke ist heute
besser; besser (Komparativ zu wohl) also nicht Prädikat, sondern
Adverb (vgl. frz. le malade est aujourd'hui mieux). Trotz seines
gegenwärtigen Unbehagens ist es für den Prinzen besser, daß er einer
Orsina entsagt.

Vierter Auftritt.

Der Prinz. **Conti** mit den Gemälden, wovon er das eine ver- 85
wandt gegen einen Stuhl lehnet.

Conti (indem er das andere zurecht stellet). Ich bitte, Prinz,
daß Sie die Schranken unserer Kunst erwägen wollen. Vieles
von dem Anzüglichsten der Schönheit liegt ganz außer den
Grenzen derselben. — Treten Sie so! —

Der Prinz (nach einer kurzen Betrachtung). Vortrefflich, Conti; 90
— ganz vortrefflich! — Das gilt Ihrer Kunst, Ihrem
Pinsel. — Aber geschmeichelt, Conti; ganz unendlich geschmeichelt!

Conti. Das Original schien dieser Meinung nicht zu
sein. Auch ist es in der That nicht mehr geschmeichelt, als 95
die Kunst schmeicheln muß. Die Kunst muß malen, wie sich
die plastische Natur — wenn es eine gibt — das Bild
dachte; ohne den Abfall, welchen der widerstrebende Stoff
unvermeidlich macht; ohne das Verderb, mit welchem die
Zeit dagegen ankämpfet. 100

Der Prinz. Der denkende Künstler ist noch eins so viel
wert. — Aber das Original, sagen Sie, fand demunge-
achtet —

---

85) „Verwandt" = weggewandt, so auch in unverwandt. I 144
in demselben Sinne „verkehrt".

88) „Anzüglich" in dem Sinne von anziehend jetzt ungebräuch-
lich (Gegensatz: abstoßend). — Die hier und im Folgenden dem
Maler in den Mund gelegten ästhetischen Grundsätze entsprechen
Lessings Auseinandersetzungen im Laokoon, wo er die Grenzen
zwischen den bildenden und den redenden Künsten zog.

96) Der Porträtmaler muß schmeicheln, insofern er als Künstler
ein Ideal des Individuums sucht. Er muß das, was wegen der
Sprödigkeit des Stoffes und wegen der Entstellung des Alters
(= „Verderbnis der Zeit") der sogenannten (vgl. „wenn es eine
gibt") schöpferischen Natur nicht möglich ist, nachempfindend und
nachgestaltend leisten und auf diese Weise sich dem Urbild der Natur
nähern.

99) „Das Verderb" (gewöhnlicher noch war „der Verderb") un-
gebräuchlich geworden für Verderbnis, Verderben.

2*

Conti. Verzeihen Sie, Prinz. Das Original ist eine
105 Person, die meine Ehrerbietung fordert. Ich habe nichts
Nachteiliges von ihr äußern wollen.

Der Prinz. So viel als Ihnen beliebt! — Und was
sagte das Original?

Conti. Ich bin zufrieden, sagte die Gräfin, wenn ich
110 nicht häßlicher aussehe.

Der Prinz. Nicht häßlicher? — O das wahre Original!

Conti. Und mit einer Miene sagte sie das, — von
der freilich dieses ihr Bild keine Spur, keinen Verdacht zeiget.

Der Prinz. Das meint' ich ja; das ist es eben, worin
115 ich die unendliche Schmeichelei finde. — O! ich kenne sie,
jene stolze höhnische Miene, die auch das Gesicht einer
Grazie entstellen würde! — Ich leugne nicht, daß ein
schöner Mund, der sich ein wenig spöttisch verziehet, nicht
selten um so viel schöner ist. Aber, wohl gemerkt, ein wenig;
120 die Verziehung muß nicht bis zur Grimasse gehen, wie bei
dieser Gräfin. Und Augen müssen über den wollüstigen
Spötter die Aufsicht führen, — Augen, wie sie die gute
Gräfin nun gerade gar nicht hat. Auch nicht einmal hier
im Bilde hat.

125   **Conti.** Gnädiger Herr, ich bin äußerst betroffen —

Der Prinz. Und worüber? Alles, was die Kunst aus
den großen, hervorragenden, stieren, starren Medusenaugen
der Gräfin Gutes machen kann, das haben sie, Conti, redlich
daraus gemacht. — Redlich, sage ich? — Nicht so redlich
130 wäre redlicher. Denn sagen Sie selbst, Conti, läßt sich aus
diesem Bilde wohl der Charakter der Person schließen?
Und das sollte doch. Stolz haben Sie in Würde, Hohn

---

121) Liebreizende Augen müssen über den wollüstigen Spötter
(b. i. den üppigen, zum Spotte verzogenen Mund) wachen, daß der
Spott nicht der Anmut entrate.

129) Diese philosophierende scharfe Erfassung eines Begriffes
durch Wiederholung eines Wortes oder Ausdruckes ist für Lessing
charakteristisch. Man beachte, wie auch sonst Lessing durch Wieder=
holung den Ausdruck steigert und den Begriff stärker einprägt!

in Lächeln, Ansatz zu trübsinniger Schwärmerei in sanfte
Schwermut verwandelt.

Conti (etwas ärgerlich). Ah, mein Prinz, — wir Maler 135
rechnen darauf, daß das fertige Bild den Liebhaber noch
ebenso warm findet, als warm er es bestellte. Wir malen
mit Augen der Liebe, und Augen der Liebe müßten uns
auch nur beurteilen.

Der Prinz. Je nun, Conti, — warum kamen Sie 140
nicht einen Monat früher damit? — Setzen Sie weg. —
Was ist das andere Stück?

Conti (indem er es holt und noch verkehrt in der Hand hält). Auch
ein weibliches Porträt.

Der Prinz. So möcht' ich es bald — lieber gar nicht 145
sehen. Denn dem Ideal hier (mit dem Finger auf die Stirne) —
oder vielmehr hier (mit dem Finger auf das Herz) kömmt es doch
nicht bei. — Ich wünschte, Conti, Ihre Kunst in andern
Vorwürfen zu bewundern.

Conti. Eine bewunderungswürdigere Kunst gibt es, 150
aber sicherlich keinen bewunderungswürdigern Gegenstand als
diesen.

Der Prinz. So wett' ich, Conti, daß es des Künstlers
eigene Gebieterin ist. — (Indem der Maler das Bild umwendet.)
Was seh' ich? Ihr Werk, Conti? oder das Werk meiner 155
Phantasie? — Emilia Galotti!

Conti. Wie, mein Prinz? Sie kennen diesen Engel?

Der Prinz. (Indem er sich zu fassen sucht, aber ohne ein Auge von
dem Bilde zu verwenden.) So halb! — um sie eben wiederzuerkennen.
— Es ist einige Wochen her, als ich sie mit ihrer Mutter 160
in einer Vegghia traf. — Nachher ist sie mir nur an
heiligen Stätten wieder vorgekommen, — wo das Angaffen
sich weniger ziemet. — Auch kenn' ich ihren Vater. Er
ist mein Freund nicht. Er war es, der sich meinen An=

---

149) „Vorwurf" = objectum, Gegenstand der Darstellung.
161) „Vegghia" (spr. Wéggia) = Abendgesellschaft (frz. soirée).

165 sprüchen auf Sabionetta am meisten widersetzte. — Ein
alter Degen, stolz und rauh, sonst bieder und gut! —

Conti. Der Vater! Aber hier haben wir seine Tochter. —

Der Prinz. Bei Gott! wie aus dem Spiegel gestohlen!
(Noch immer die Augen auf das Bild geheftet). O, sie wissen es ja
170 wohl, Conti, daß man den Künstler dann erst recht lobt,
wenn man über sein Werk sein Lob vergißt.

Conti. Gleichwohl hat mich dieses noch sehr unzufrieden
mit mir gelassen. — Und doch bin ich wiederum sehr zufrieden mit meiner Unzufriedenheit mit mir selbst. — Ha!
175 daß wir nicht unmittelbar mit den Augen malen! Auf dem
langen Wege, aus dem Auge durch den Arm in den Pinsel,
wie viel geht da verloren! — Aber, wie ich sage, daß ich
es weiß, was hier verloren gegangen, und wie es verloren
gegangen, und warum es verloren gehen müssen: darauf
180 bin ich ebenso stolz und stolzer, als ich auf alles das bin,
was ich nicht verloren gehen lassen. Denn aus jenem erkenne ich, mehr als aus diesem, das ich wirklich ein großer
Maler bin, daß es aber meine Hand nur nicht immer ist.
— Oder meinen Sie, Prinz, daß Raphael nicht das größte
185 malerische Genie gewesen wäre, wenn er unglücklicherweise
ohne Hände wäre geboren worden? Meinen Sie, Prinz?

Der Prinz (indem er nur eben von dem Bilde wegblickt). Was
sagen Sie, Conti? Was wollen Sie wissen?

---

165) Sabionetta unmittelbar an der Grenze von Guastalla am
Po gelegen. Über die historische Anspielung vgl. Einleitung S. 6!
179) Ergänze „hat" vor „verloren gehen müssen", wie sogleich
nachher „habe" vor „verloren gehen lassen". Die (nicht nachzuahmende) Auslassung des Hilfszeitwortes findet sich bei Lessing
sehr oft.
186) Vgl. zu dem berühmten Paradoxon Vischer Ästhetik III 13:
Raphael ohne Hände ist gar nicht zu denken; denn hätte er nie
wirklich gemalt, so hätte auch sein inneres Malen sich nicht ent-
wickeln, er hätte nicht malerisch erfinden können. Die Technik ist
zwar vom Innern aus bestimmt, allein ebenso wahr ist, daß in
und mit der Ausführung erst das innere Bild vollendet wird; es
ist eine untrennbare Wechselwirkung.

Conti. O nichts, nichts! — Plauderei! Ihre Seele, merk' ich, war ganz in ihren Augen. Ich liebe solche 190 Seelen und solche Augen.

Der Prinz (mit einer erzwungenen Kälte). Also, Conti, rechnen Sie doch wirklich Emilia Galotti mit zu den vorzüglichsten Schönheiten unserer Stadt?

Conti. Also? mit? mit zu den vorzüglichsten? und 195 den vorzüglichsten unserer Stadt? — Sie spotten meiner, Prinz. Oder Sie sahen die ganze Zeit ebensowenig, als Sie hörten.

Der Prinz. Lieber Conti, — (die Augen wieder auf das Bild gerichtet) wie darf unsereiner seinen Augen trauen? Eigentlich 200 weiß doch nur allein ein Maler von der Schönheit zu urteilen.

Conti. Und eines jeden Empfindung sollte erst auf den Ausspruch eines Malers warten? — Ins Kloster mit dem, der es von uns lernen will, was schön ist! Aber das 205 muß ich Ihnen doch als Maler sagen, mein Prinz: eine von den größten Glückseligkeiten meines Lebens ist es, daß Emilia Galotti mir gesessen. Dieser Kopf, dieses Antlitz, diese Stirne, diese Augen, diese Nase, dieser Mund, dieses Kinn, dieser Hals, diese Brust, dieser Wuchs, dieser ganze 210 Bau sind von der Zeit an mein einziges Studium der weiblichen Schönheit. — Die Schilderei selbst, wovor sie gesessen, hat ihr abwesender Vater bekommen. Aber diese Kopie —

Der Prinz (der sich schnell gegen ihn kehret). Nun, Conti? ist 215 doch nicht schon versagt?

Conti. Ist für Sie, Prinz, wenn Sie Geschmack daran finden.

203) Da es zum Wesen des Schönen gehört, auf die natürlichen Sinne und Empfindungen zu wirken, so hat jeder eben in dieser Wirkung auf sein natürliches Gefühl und somit in diesem selbst den rechten Maßstab zur Beurteilung des Schönen. Vgl. Cic. de or. III. § 197!

212) „Schilderei" für Bild, Gemälde veraltet. „Kopie" (frz. copie, von copia, also Vervielfältigung) = nachgemaltes Bild.

Der Prinz. Geschmack! — (Lächelnd.) Dieses Ihr Stu=
220 dium der weiblichen Schönheit, Conti, wie könnt' ich besser
thun, als es auch zu dem meinigen zu machen? — Dort
jenes Porträt nehmen Sie nur wieder mit, — einen Rahmen
darum zu bestellen.

Conti. Wohl!

225 **Der Prinz.** So schön, so reich, als ihn der Schnitzer
nur machen kann. Es soll in der Galerie aufgestellet
werden. — Aber dieses bleibt hier. Mit einem Studio
macht man so viele Umstände nicht; auch läßt man das
nicht aufhängen, sondern hat es gern bei der Hand. —
230 Ich danke Ihnen, Conti; ich danke Ihnen recht sehr. —
Und wie gesagt: in meinem Gebiete soll die Kunst nicht
nach Brot gehen, — bis ich selbst keines habe. — Schicken
Sie, Conti, zu meinem Schatzmeister und lassen Sie auf
Ihre Quittung für beide Porträte sich bezahlen, — was
235 Sie wollen. So viel Sie wollen, Conti.

Conti. Sollte ich doch nun bald fürchten, Prinz, daß
Sie so noch etwas anders belohnen wollen als die Kunst.

Der Prinz. O des eifersüchtigen Künstlers! Nicht doch!
— Hören Sie, Conti; so viel Sie wollen. (Conti geht ab.)

240   ## Fünfter Auftritt.

Der Prinz.

So viel er will! — (Gegen das Bild.) Dich hab' ich für
jeden Preis noch zu wohlfeil. — Ah! schönes Werk der Kunst,
ist es wahr, daß ich dich besitze? — Wer dich auch besäße,
245 schönres Meisterstück der Natur! — Was Sie dafür wollen,
ehrliche Mutter! Was du willst, alter Murrkopf! Fordre
nur! Fordert nur! — Am liebsten kauft' ich dich, Zauberin,
von dir selbst! — Dieses Auge voll Liebreiz und Be=

---

227) „Mit einem Studio" = mit einem Gegenstand des
Studiums.
234) Unterscheide: „Was Sie wollen" (d. i. Sie können sich
Ihre künstlerische Empfindung oder Ihr Wollen oder Ihre Leistung
bezahlen lassen) und „so viel Sie wollen".

scheidenheit! Dieser Mund! und wenn er sich zum Reden öffnet! wenn er lächelt! Dieser Mund! — Ich höre kommen. 250 — Noch bin ich mit dir zu neidisch. (Indem er das Bild gegen die Wand drehet.) Es wird Marinelli sein. Hätt' ich ihn doch nicht rufen lassen! Was für einen Morgen könnt' ich haben!

Sechster Auftritt. 255

Marinelli. Der Prinz.

Marinelli. Gnädiger Herr, Sie werden verzeihen. — Ich war mir eines so frühen Befehls nicht gewärtig.

Der Prinz. Ich bekam Lust, auszufahren. Der Morgen war so schön. — Aber nun ist er ja wohl verstrichen, und 260 die Lust ist mir vergangen. — (Nach einem kurzen Stillschweigen.) Was haben wir Neues, Marinelli?

Marinelli. Nichts von Belang, das ich wüßte. — Die Gräfin Orsina ist gestern zur Stadt gekommen.

Der Prinz. Hier liegt auch schon ihr guter Morgen. 265 (Auf ihren Brief zeigend.) Oder was es sonst sein mag! Ich bin gar nicht neugierig darauf. — Sie haben sie gesprochen?

Marinelli. Bin ich, leider, nicht ihr Vertrauter? — Aber wenn ich es wieder von einer Dame werde, der es einkömmt, Sie in gutem Ernste zu lieben, Prinz: so — — — 270

Der Prinz. Nichts verschworen, Marinelli!

Marinelli. Ja? In der That, Prinz? Könnt' es doch kommen? — O! so mag die Gräfin auch so unrecht nicht haben.

Der Prinz. Allerdings, sehr unrecht! — Meine nahe Vermählung mit der Prinzessin von Massa will durchaus, 275 daß ich alle dergleichen Händel fürs erste abbreche.

Marinelli. Wenn es nur das wäre, so müßte freilich Orsina sich in ihr Schicksal ebenso wohl zu finden wissen, als der Prinz in seines.

Der Prinz. Das unstreitig härter ist als ihres. Mein 280 Herz wird das Opfer eines elenden Staatsinteresse. Ihres

darf sie nur zurücknehmen, aber nicht wider Willen ver=
schenken.

    Marinelli. Zurücknehmen? Warum zurücknehmen?
285 fragt die Gräfin: wenn es weiter nichts als eine Gemahlin
ist, die dem Prinzen nicht die Liebe, sondern die Politik
zuführt? Neben so einer Gemahlin sieht die Geliebte noch
immer ihren Platz. Nicht so einer Gemahlin fürchtet sie
aufgeopfert zu sein, sondern — —

290   **Der Prinz.** Einer neuen Geliebten. — Nun denn?
Wollten Sie mir daraus ein Verbrechen machen, Marinelli?

    Marinelli. Ich? — O! vermengen Sie mich ja nicht,
mein Prinz, mit der Närrin, deren Wort ich führe, — aus
Mitleid führe. Denn gestern wahrlich hat sie mich sonder=
295 bar gerühret. Sie wollte von ihrer Angelegenheit mit Ihnen
gar nicht sprechen. Sie wollte sich ganz gelassen und kalt
stellen. Aber mitten in dem gleichgültigsten Gespräche ent=
fuhr ihr eine Wendung, eine Beziehung über die andere,
die ihr gefoltertes Herz verriet. Mit dem lustigsten Wesen
300 sagte sie die melancholischsten Dinge und wiederum die
lächerlichsten Possen mit der allertraurigsten Miene. Sie
hat zu den Büchern ihre Zuflucht genommen, und ich fürchte,
die werden ihr den Rest geben.

    Der Prinz. So wie sie ihrem armen Verstande auch
305 den ersten Stoß gegeben. — Aber was mich vornehmlich
mit von ihr entfernt hat, das wollen Sie doch nicht brauchen,
Marinelli, mich wieder zu ihr zurückzubringen? — Wenn
sie aus Liebe närrisch wird, so wäre sie es früher oder
später auch ohne Liebe geworden — Und nun genug von
310 ihr. — Von etwas anderm! — Geht denn gar nichts
vor in der Stadt?

    Marinelli. So gut wie gar nichts. — Denn daß die
Verbindung des Grafen Appiani heute vollzogen wird, —
ist nicht viel mehr als gar nichts.

---

    310) Man beachte, wie langsam und, scheinbar von Nebensäch=
lichem ausgehend, der Dichter im Folgenden die Handlung in Be=
wegung setzt.

Der Prinz. Des Grafen Appiani? und mit wem denn? 315
— Ich soll ja noch hören, daß er versprochen ist?

Marinelli. Die Sache ist sehr geheim gehalten worden. Auch war nicht viel Aufhebens davon zu machen. —
Sie werden lachen, Prinz. — Aber so geht es den Empfind=
samen! Die Liebe spielet ihnen immer die schlimmsten 320
Streiche. Ein Mädchen ohne Vermögen und ohne Rang
hat ihn in ihre Schlinge zu ziehen gewußt, — mit ein
wenig Larve: aber mit vielem Prunk von Tugend und Ge=
fühl und Witz, und was weiß ich?

Der Prinz. Wer sich den Eindrücken, die Unschuld 325
und Schönheit auf ihn machen, ohne weitere Rücksicht so
ganz überlassen darf, — ich dächte, der wäre eher zu beneiden als zu belachen. — Und wie heißt denn die Glück=
liche? — Denn bei alledem ist Appiani — ich weiß wohl,
daß Sie, Marinelli, ihn nicht leiden können, ebensowenig 330
als er Sie — bei alledem ist er doch ein sehr würdiger
junger Mann, ein schöner Mann, ein reicher Mann, ein
Mann voller Ehre. Ich hätte sehr gewünscht, ihn mir ver=
binden zu können. Ich werde noch darauf denken.

Marinelli. Wenn es nicht zu spät ist. — Denn soviel 335
ich höre, ist sein Plan gar nicht, bei Hofe sein Glück zu
machen. — Er will mit seiner Gebieterin nach seinen Thälern
von Piemont, — Gemsen zu jagen auf den Alpen und
Murmeltiere abzurichten. — Was kann er Besseres thun?
Hier ist es durch das Mißbündnis, welches er trifft, mit 340
ihm doch aus. Der Zirkel der ersten Häuser ist ihm von
nun an verschlossen — —

Der Prinz. Mit euren ersten Häusern! — in welchen
das Zeremoniell, der Zwang, die Langeweile und nicht selten

---

323) „Larve" (vom lat. larva = Schreckgestalt, Darstellung
einer Schreckgestalt, Maske, Form des menschlichen Antlitzes), hier
wie auch sonst das Antlitz selbst, mit verächtlichem Beisinne.
324) „Witz", früher üblich in dem Sinne von Geist, Verstand.
340) „Mißbündnis", Verdeutschung von frz. mésalliance, seit
Goethe Mißheirat.

345 die Dürftigkeit herrscht. — Aber so nennen Sie mir sie
doch, der er dieses so große Opfer bringt.

    Marinelli. Es ist eine gewisse Emilia Galotti.

    Der Prinz. Wie Marinelli? Eine gewisse —

    Marinelli. Emilia Galotti.

350   **Der Prinz.** Emilia Galotti? — Nimmermehr!

    Marinelli. Zuverlässig, gnädiger Herr.

    Der Prinz. Nein, sag' ich; das ist nicht, das kann
nicht sein. — Sie irren sich in dem Namen. — Das Ge=
schlecht der Galotti ist groß. — Eine Galotti kann es sein;
355 aber nicht Emilia Galotti; nicht Emilia!

    Marinelli. Emilia — Emilia Galotti!

    Der Prinz. So gibt es noch eine, die beide Namen
führt. — Sie sagten ohnedem, eine gewisse Emilia Galotti
— eine gewisse. Von der rechten könnte nur ein Narr so
360 sprechen. —

    Marinelli. Sie sind außer sich, gnädiger Herr. —
Kennen Sie denn diese Emilia?

    Der Prinz. Ich habe zu fragen, Marinelli, nicht Er.
— Emilia Galotti? Die Tochter des Obersten Galotti,
365 bei Sabionetta?

    Marinelli. Eben die.

    Der Prinz. Die hier in Guastalla mit ihrer Mutter
wohnt?

    Marinelli. Eben die.

370   **Der Prinz.** Unfern der Kirche Allerheiligen?

    Marinelli. Eben die.

    Der Prinz. Mit einem Worte — (indem er nach dem Por=
träte springt und es dem Marinelli in die Hand gibt). Da! — Diese?
Diese Emilia Galotti? Sprich dein verdammtes „Eben
375 die" noch einmal und stoß mir den Dolch ins Herz!

    Marinelli. Eben die.

    Der Prinz. Henker! — Diese? — Diese Emilia
Galotti wird heute —

    Marinelli. Gräfin Appiani! — (Hier reißt der Prinz dem
380 Marinelli das Bild wieder aus der Hand und wirft es beiseite.) Die Trau=

ung geschieht in der Stille auf dem Landgute des Vaters bei Sabionetta. — Gegen Mittag fahren Mutter und Tochter, der Graf und vielleicht ein paar Freunde dahin ab.

Der Prinz (der sich voll Verzweiflung in einen Stuhl wirft). So bin ich verloren! — So will ich nicht leben!   385

Marinelli. Aber was ist Ihnen, gnädiger Herr?

Der Prinz (der gegen ihn wieder aufspringt). Verräter! — was mir ist? — Nun ja, ich liebe sie, ich bete sie an. Mögt ihr es doch wissen! mögt ihr es doch längst gewußt haben, alle ihr, denen ich der tollen Orsina schimpfliche 390 Fesseln lieber ewig tragen sollte! — Nur daß Sie, Mari= nelli, der Sie so oft mich Ihrer innigsten Freundschaft versicherten — o, ein Fürst hat keinen Freund, kann keinen Freund haben! — daß Sie, Sie, so treulos, so hämisch mir bis auf diesen Augenblick die Gefahr verhehlen dürfen, 395 die meiner Liebe drohte: wenn ich Ihnen jemals das ver= gebe, — so werde mir meiner Sünden keine vergeben!

Marinelli. Ich weiß kaum Worte zu finden, Prinz, — wenn Sie mich auch dazu kommen ließen — Ihnen mein Erstaunen zu bezeigen. — Sie lieben Emilia Galotti? 400 — Schwur denn gegen Schwur: Wenn ich von dieser Liebe das Geringste gewußt, das Geringste vermutet habe, so möge weder Engel noch Heiliger von mir wissen! — Eben das wollt' ich in die Seele der Orsina schwören. Ihr Verdacht schweift auf einer ganz andern Fährte.   405

Der Prinz. So verzeihen Sie mir, Marinelli, — (indem er sich ihm in die Arme wirft) und bedaueren Sie mich.

Marinelli. Nun da, Prinz! Erkennen Sie da die Frucht ihrer Zurückhaltung! — „Fürsten haben keinen Freund! — können keinen Freund haben!" — Und die 410 Ursache, wenn dem so ist? — Weil sie keinen haben wollen. — Heute beehren sie uns mit ihrem Vertrauen, teilen uns ihre geheimsten Wünsche mit, schließen uns ihre ganze Seele auf; und morgen sind wir ihnen wieder so fremd, als hätten sie nie ein Wort mit uns gewechselt.   415

Der Prinz. Ach! Marinelli, wie konnt' ich Ihnen ver=
trauen, was ich mir selbst kaum gestehen wollte?

Marinelli. Und also noch weniger der Urheberin
Ihrer Qual gestanden haben?

420   **Der Prinz.** Ihr? — Alle meine Mühe ist vergebens
gewesen, sie ein zweitesmal zu sprechen. —

Marinelli. Und das erstemal —

Der Prinz. Sprach ich sie. — O, ich komme von
Sinnen! Und ich soll Ihnen noch lange erzählen? — Sie
425 sehen mich einen Raub der Wellen: was fragen Sie viel,
wie ich es geworden? Retten Sie mich, wenn Sie können,
und fragen Sie dann.

Marinelli. Retten? ist da viel zu retten? — Was
Sie versäumt haben, gnädiger Herr, der Emilia Galotti
430 zu bekennen, das bekennen Sie der Gräfin Appiani. Waren,
die man aus der ersten Hand nicht haben kann, kauft man
aus der zweiten, — und solche Waren nicht selten aus
der zweiten um so viel wohlfeiler.

Der Prinz. Ernsthaft, Marinelli, ernsthaft oder —

435   **Marinelli.** Freilich auch um so viel schlechter — —

Der Prinz. Sie werden unverschämt!

Marinelli. Und dazu will der Graf damit aus dem
Lande. — Ja so müßte man auf etwas anders denken! —

Der Prinz. Und auf was? — Liebster, bester Marinelli,
440 denken Sie für mich. Was würden Sie thun, wenn Sie
an meiner Stelle wären?

Marinelli. Vor allen Dingen eine Kleinigkeit als
eine Kleinigkeit ansehen — und mir sagen, daß ich nicht
vergebens sein wolle, was ich bin — Herr!

445   **Der Prinz.** Schmeicheln Sie mir nicht mit einer
Gewalt, von der ich hier keinen Gebrauch absehe. —
Heute, sagen Sie? Schon heute?

Marinelli. Erst heute — soll es geschehen. Und
nur geschehenen Dingen ist nicht zu raten. — (Nach einer
450 kurzen Überlegung.) Wollen Sie mir freie Hand lassen, Prinz?
Wollen Sie alles genehmigen, was ich thue?

Der Prinz. Alles, Marinelli, alles, was diesen Streich
abwenden kann.

Marinelli. So lassen Sie uns keine Zeit verlieren.
— Aber bleiben Sie nicht in der Stadt. Fahren Sie 455
sogleich nach Ihrem Lustschlosse, nach Dosalo. Der Weg
nach Sabionetta geht da vorbei. Wenn es mir nicht ge=
lingt, den Grafen augenblicklich zu entfernen, so denk' ich
— Doch, doch; ich glaube, er geht in diese Falle gewiß.
Sie wollen ja, Prinz, wegen Ihrer Vermählung einen Ge= 460
sandten nach Massa schicken? Lassen Sie den Grafen dieser
Gesandte sein, mit dem Bedinge, daß er noch heute abreiset.
— Verstehen Sie?

Der Prinz. Vortrefflich! — Bringen Sie ihn zu mir
heraus. Gehen Sie, eilen Sie. Ich werfe mich sogleich 465
in den Wagen.   (Marinelli geht ab.)

_____

Siebenter Auftritt.

Der Prinz.

Sogleich! sogleich! — Wo blieb es? —   (Sich nach dem
Porträte umsehend.) Auf der Erde? das war zu arg!   (Indem er es 470
aufhebt.) Doch betrachten? betrachten mag ich dich fürs erste
nicht mehr. — Warum sollt' ich mir den Pfeil noch tiefer
in die Wunde drücken?   (Setzt es beiseite.) — Geschmachtet,
geseufzet hab' ich lange genug, — länger als ich gesollt
hätte, aber nichts gethan! Und über die zärtliche Unthätig= 475

_____

456) Dosalo (spr. Dósălo), eigentlich Dosolo, ein kleiner Ort
bei Guastalla auf dem Wege nach Sabionetta.

458) „So denk ich —". Wer von der Feindschaft zwischen
Appiani und Marinelli gehört hat, wird den Gedankenstrich auszu=
füllen wissen. Dem Dichter liegt daran, schon in der Exposition
den Plan anzudeuten, um dessen Ausführung es Marinelli einzig
thun ist. Warum soll also der Prinz nach Dosalo?

462) In der ersten Ausgabe der Dichtung stand „diesen Ge=
sandten", was Lessing hernach irrtümlicher Weise als undeutsch be=
zeichnete.

keit bei einem Haar alles verloren! — Und wenn nun
doch alles verloren wäre? Wenn Marinelli nichts ausrichtete?
Warum will ich mich auch auf ihn allein verlassen? Es
fällt mir ein, — um diese Stunde (nach der Uhr sehend), um
480 diese nämliche Stunde pflegt das fromme Mädchen alle
Morgen bei den Dominikanern die Messe zu hören. —
Wie, wenn ich sie da zu sprechen suchte? — Doch heute,
heut' an ihrem Hochzeitstage, — heute werden ihr andere
Dinge am Herzen liegen als die Messe. — Indes, wer
485 weiß? — Es ist ein Gang. (Er klingelt, und indem er einige von
den Papieren auf dem Tische haftig zusammenrafft, tritt der Kammerdiener herein.)
Laßt vorfahren! — Ist noch keiner von den Räten da?
Der Kammerdiener. Camillo Rota.
Der Prinz. Er soll hereinkommen. (Der Kammerdiener geht ab.)
490 Nur aufhalten muß er mich nicht wollen. Dasmal nicht!
— Ich stehe gern seinen Bedenklichkeiten ein andermal um
so viel länger zu Diensten. — Da war ja noch die Bittschrift einer Emilia Bruneschi. — (Sie suchend.) Die ist's.
Aber, gute Bruneschi, wo deine Vorsprecherin — —

495 **Achter Auftritt.**

Camillo Rota, Schriften in der Hand. **Der Prinz.**

Der Prinz. Kommen Sie, Rota, kommen Sie. —
Hier ist, was ich diesen Morgen erbrochen. Nicht viel
Tröstliches! Sie werden von selbst sehen, was darauf zu
500 verfügen. — Nehmen Sie nur.
Camillo Rota. Gut, gnädiger Herr.
Der Prinz. Noch ist hier eine Bittschrift einer Emilia
Galot — Bruneschi, will ich sagen. — Ich habe meine

---

494) „Wo deine Vorsprecherin (= Fürsprecherin, nämlich Emilia
Galotti) — —.“ Er meint, da ihm solche Schwierigkeiten in der
Erfüllung seines leidenschaftlichen Wunsches erwüchsen, könne er
auch die Bitte der Bruneschi nicht so willig erfüllen, zumal da sie
keine Kleinigkeit betreffe.

Bewilligung zwar schon beigeschrieben. Aber doch — die Sache ist keine Kleinigkeit. — Lassen Sie die Ausfertigung 505 noch anstehen. — Oder auch nicht anstehen: wie Sie wollen.

Camillo Rota. Nicht, wie ich will, gnädiger Herr.

Der Prinz. Was ist sonst? Etwas zu unterschreiben?

Camillo Rota. Ein Todesurteil wäre zu unterschreiben. 510

Der Prinz. Recht gern. — Nur her! geschwind.

Camillo Rota (stutzig und den Prinzen starr ansehend). Ein Todes= urteil — sagt' ich.

Der Prinz. Ich höre ja wohl. — Es könnte schon geschehen sein. Ich bin eilig. 515

Camillo Rota (seine Schriften nachsehend). Nun hab' ich es doch wohl nicht mitgenommen! — — Verzeihen Sie, gnädiger Herr. — Es kann Anstand damit haben bis morgen.

Der Prinz. Auch das! — Packen Sie nur zusammen; ich muß fort. — Morgen, Rota, ein mehres! (Geht ab.) 520

Camillo Rota (den Kopf schüttelnd, indem er die Papiere zu sich nimmt und abgeht). Recht gern? — Ein Todesurteil recht gern? — Ich hätt' es ihn in diesem Augenblicke nicht mögen unterschreiben lassen, und wenn es den Mörder meines einzigen Sohnes betroffen hätte. — Recht gern! Recht 525 gern! — Es geht mir durch die Seele dieses gräßliche „Recht gern!"

---

520) „Ein mehres", Ausdruck aus der damaligen Umgangs= sprache, jetzt veraltet für „ein mehreres" (letzteres eine erneute, übrigens schon im Alth. vorkommende Komparativbildung von mehr).

Zweiter Aufzug.

Die Scene: Ein Saal in dem Hause der Galotti.

Erster Auftritt.

Claudia Galotti. Pirro.

5   **Claudia** (im Heraustreten zu Pirro, der von der andern Seite hereintritt).
Wer sprengte da in den Hof?

Pirro. Unser Herr, gnädige Frau.

Claudia. Mein Gemahl? Ist es möglich?

Pirro. Er folgt mir auf dem Fuße.

10   **Claudia.** So unvermutet? — (Ihm entgegeneilend.) Ach!
mein Bester! —

Zweiter Auftritt.

Odoardi Galotti und die Vorigen.

Odoardo. Guten Morgen, meine Liebe! — Nicht wahr,
15 das heißt überraschen?

Claudia. Und auf die angenehmste Art! — Wenn es
anders nur eine Überraschung sein soll.

Odoardo. Nichts weiter! Sei unbesorgt. — Das Glück
des heutigen Tages weckte mich so früh; der Morgen war
20 so schön; der Weg ist so kurz; ich vermutete euch hier so
geschäftig — Wie leicht vergessen sie etwas! fiel mir ein.
— Mit einem Worte: Ich komme und sehe und kehre sogleich wieder zurück. — Wo ist Emilia? Unstreitig beschäftigt
mit dem Putze? —

---

2) Wie innerhalb des ersten, so ist auch innerhalb des zweiten
Aufzuges (und der folgenden) die Ortseinheit gewahrt. Auch wird
nach franz. Grundsatz die Bühne niemals leer (liaison des scènes).
19) Beachte den wiederholten Hinweis auf die Zeit (vgl. I 13)!

Claudia. Ihrer Seele! — Sie ist in der Messe. — 25 „Ich habe heute mehr als jeden andern Tag Gnade von oben zu erflehen," sagte sie und ließ alles liegen und nahm ihren Schleier und eilte —

Odoardo. Ganz allein?

Claudia. Die wenigen Schritte — — 30

Odoardo. Einer ist genug zu einem Fehltritt! —

Claudia. Zürnen Sie nicht, mein Bester, und kommen Sie herein, — einen Augenblick auszuruhen und, wenn Sie wollen, eine Erfrischung zu nehmen.

Odoardo. Wie du meinest, Claudia. — Aber sie sollte 35 nicht allein gegangen sein. —

Claudia. Und Ihr, Pirro, bleibt hier in dem Vorzimmer, alle Besuche auf heute zu verbitten.

Dritter Auftritt.

Pirro und bald darauf Angelo. 40

Pirro. Die sich nur aus Neugierde melden lassen. — Was bin ich seit einer Stunde nicht alles ausgefragt wor= den! — Und wer kömmt da?

Angelo (noch halb hinter der Scene, in einem kurzen Mantel, den er über das Gesicht gezogen, den Hut in die Stirne). Pirro! — Pirro! 45

Pirro. Ein Bekannter? — (Indem Angelo vollends herein= tritt und den Mantel auseinander schlägt.) Himmel! Angelo? — Du?

Angelo. Wie Du siehst. — Ich bin lange genug um das Haus herumgegangen, dich zu sprechen. — Auf ein Wort! — 50

Pirro. Und du wagst es, wieder ans Licht zu kommen? — Du bist seit deiner letzten Mordthat vogelfrei erklärt; auf deinen Kopf steht eine Belohnung —

Angelo. Die doch du nicht wirst verdienen wollen? —

----

40) Angelo (sprich Ándschelo) und Pirro (so viel wie Pietro) tragen Namen, wie sie beim italienischen Volke sehr beliebt sind.

55   **Pirro.** Was willst du? — Ich bitte dich, mache mich nicht unglücklich.

Angelo. Damit etwa? (Ihm einen Beutel mit Geld zeigend.) — Nimm! Es gehöret dir!

Pirro. Mir?

60   **Angelo.** Haft du vergessen? Der Deutsche, dein voriger Herr, — —

Pirro. Schweig davon!

Angelo. Den du uns auf dem Wege nach Pisa in die Falle führtest —

65   **Pirro.** Wenn uns jemand hörte!

Angelo. Hatte ja die Güte, uns auch einen kostbaren Ring zu hinterlassen. — Weißt du nicht? — Er war zu kostbar, der Ring, als daß wir ihn sogleich ohne Verdacht hätten zu Geld machen können. Endlich ist mir es damit 70 gelungen. Ich habe hundert Pistolen dafür erhalten, und das ist dein Anteil. Nimm!

Pirro. Ich mag nichts, — behalt alles.

Angelo. Meinetwegen! — Wenn es dir gleichviel ist, wie hoch du deinen Kopf feil trägst — (als ob er den Beutel 75 wieder einstecken wollte.)

Pirro. So gib nur! (Nimmt ihn.) — Und was nun? Denn daß du bloß deswegen mich aufgesucht haben solltest —

Angelo. Das kömmt dir nicht so recht glaublich vor? — Halunke! Was denkst du von uns? — Daß wir fähig 80 sind, jemand seinen Verdienst vorzuenthalten? Das mag unter den sogenannten ehrlichen Leuten Mode sein; unter uns nicht. — Leb wohl! — (Thut, als ob er gehen wollte, und kehrt wieder um.) Eins muß ich doch fragen. — Da kam ja der alte Galotti so ganz allein in die Stadt gesprengt. Was 85 will der?

---

70) Eine Pistole, eine angeblich im 16. Jahrhundert zuerst in Spanien in Umlauf gekommene Goldmünze im Werte von 15 Mk. (aus frz. pistole, das auf it. piastruola, kleiner Piaster, zurückgeht, während Pistole = Schußwaffe von der ital. Stadt Pistoja benannt ist).

Pirro. Nichts will er; ein bloßer Spazierritt. Seine Tochter wird heute Abend auf dem Gute, von dem er herkömmt, dem Grafen Appiani angetrauet. Er kann die Zeit nicht erwarten —

Angelo. Und reitet bald wieder hinaus?   90

Pirro. So bald, daß er dich hier trifft, wo du noch lange verziehest. — Aber du hast doch keinen Anschlag auf ihn? Nimm dich in acht. Er ist ein Mann — —

Angelo. Kenn' ich ihn nicht? Hab' ich nicht unter ihm gedienet? — Wenn darum bei ihm nur viel zu holen 95 wäre! — Wann fahren die jungen Leute nach?

Pirro. Gegen Mittag.

Angelo. Mit viel Begleitung?

Pirro. In einem einzigen Wagen: die Mutter, die Tochter und der Graf. Ein paar Freunde kommen aus 100 Sabionetta als Zeugen.

Angelo. Und Bediente?

Pirro. Nur zwei, außer mir, der ich zu Pferde vorauf reiten soll.

Angelo. Das ist gut. — Noch eins: wessen ist die 105 Equipage? Ist es eure oder des Grafen?

Pirro. Des Grafen.

Angelo. Schlimm! Da ist noch ein Vorreiter, außer einem handfesten Kutscher. Doch! —

Pirro. Ich erstaune. Aber was willst du? — Das 110 bißchen Schmuck, das die Braut etwa haben dürfte, wird schwerlich der Mühe lohnen —

Angelo. So lohnt ihrer die Braut selbst!

Pirro. Und auch bei diesem Verbrechen soll ich dein Mitschuldiger sein?   115

Angelo. Du reitest vorauf. Reite doch, reite! und kehre dich an nichts!

Pirro. Nimmermehr!

Angelo. Wie? ich glaube gar, du willst den Gewissenhaften spielen. — Bursche! Ich denke, du kennst mich. — 120

Wo du plauderſt! Wo ſich ein einziger Umſtand anders
findet, als du mir ihn angegeben! —

Pirro. Aber, Angelo, um des Himmels willen! —

Angelo. Thu, was du nicht laſſen kannſt! (Geht ab.)

125 **Pirro.** Ha! laß dich den Teufel bei einem Haare
faſſen, und du biſt ſein auf ewig! Ich Unglücklicher!

Vierter Auftritt.

Odoardo und Claudia Galotti. Pirro.

Odoardo. Sie bleibt mir zu lang aus —

130 **Claudia.** Noch einen Augenblick, Odoardo! Es würde
ſie ſchmerzen, deines Anblicks ſo zu verfehlen.

Odoardo. Ich muß auch bei dem Grafen noch ein=
ſprechen. Kaum kann ich's erwarten, dieſen würdigen jungen
Mann meinen Sohn zu nennen. Alles entzückt mich an
135 ihm. Und vor allem der Entſchluß, in ſeinen väterlichen
Thälern ſich ſelbſt zu leben.

Claudia. Das Herz bricht mir, wenn ich hieran ge=
denke. — So ganz ſollen wir ſie verlieren, dieſe einzige,
geliebte Tochter?

140 **Odoardo.** Was nennſt du ſie verlieren? Sie in den
Armen der Liebe zu wiſſen? Vermenge dein Vergnügen
an ihr nicht mit ihrem Glücke. — Du möchteſt meinen
alten Argwohn erneuern: — daß es mehr das Geräuſch
und die Zerſtreuung der Welt, mehr die Nähe des Hofes
145 war, als die Notwendigkeit, unſerer Tochter eine anſtändige
Erziehung zu geben, was dich bewog, hier in der Stadt

---

136) Appianis Entſchluß, fern vom Lärme der Menſchen, von
den Feſſeln eines Hofes ſich ſelbſt zu leben, iſt charakteriſtiſch für die
tief gewurzelte Sentimentalität des 18. Jahrhunderts.

138) „Gedenken an etw." veraltet für denken an etw.

148) Dieſe herzliche Liebe iſt uns ſchon in dem einfachen Zuge
entgegengetreten, daß die Frauen in der Reſidenz dem Vater Emiliens
Bild malen ließen, um ihm über die Trennung von ſeiner geliebten
Tochter hinwegzuhelfen.

mit ihr zu bleiben, — fern von einem Manne und Vater, der euch so herzlich liebet.

Claudia. Wie ungerecht, Odoardo! Aber laß mich heute nur ein einziges Wort für diese Stadt, für diese 150 Nähe des Hofes sprechen, die deiner strengen Tugend so verhaßt sind. — Hier, nur hier konnte die Liebe zusammen= bringen, was für einander geschaffen war. Hier nur konnte der Graf Emilien finden und fand sie.

Odoardo. Das räum' ich ein. Aber, gute Claudia, 155 hattest du darum Recht, weil dir der Ausgang Recht gibt? — Gut, daß es mit dieser Stadterziehung so abgelaufen! Laß uns nicht weise sein wollen, wo wir nichts als glück= lich gewesen! Gut, daß es so damit abgelaufen! — Nun haben sie sich gefunden, die für einander bestimmt waren; 160 nun laß sie ziehen, wohin Unschuld und Ruhe sie rufen. — Was sollte der Graf hier? Sich bücken und schmeicheln und kriechen und die Marinellis auszustechen suchen, um endlich ein Glück zu machen, dessen er nicht bedarf? um endlich einer Ehre gewürdigt zu werden, die für ihn keine 165 wäre? — Pirro!

Pirro. Hier bin ich.

Odoardo. Geh und führe mein Pferd vor das Haus des Grafen. Ich komme nach und will mich da wieder aufsetzen. (Pirro geht ab.) — Warum soll der Graf hier dienen, 170 wenn er dort selbst befehlen kann? — Dazu bedenkest du nicht, Claudia, daß durch unsere Tochter er es vollends mit dem Prinzen verderbt. Der Prinz haßt mich —

Claudia. Vielleicht weniger, als du besorgest.

Odoardo. Besorgest! Ich besorg' auch so was! 175

---

163) Beachte das Polysyndeton zur Bezeichnung der Menge der kleinlichen Aufgaben.

173) Für „verderbt" steht in der Handschrift das jetzt gebräuch= liche verdirbt.

175) Ironie. Der Haß des Prinzen wäre dem Obersten gleich= gültig.

Claudia. Denn hab' ich dir schon gesagt, daß der Prinz unsere Tochter gesehen hat?

Odoardo. Der Prinz? Und wo das?

Claudia. In der letzten Begghia bei dem Kanzler
180 Grimaldi, die er mit seiner Gegenwart beehrte. Er bezeigte sich gegen sie so gnädig — —

Odoardo. So gnädig?

Claudia. Er unterhielt sich mit ihr so lange — —

Odoardo. Unterhielt sich mit ihr?

185   **Claudia.** Schien von ihrer Munterkeit und ihrem Witze so bezaubert — —

Odoardo. So bezaubert? —

Claudia. Hat von ihrer Schönheit mit so vielen Lobeserhebungen gesprochen — —

190   **Odoardo.** Lobeserhebungen? Und das alles erzählst du mir in einem Tone der Entzückung? O Claudia! Claudia! Eitle, thörichte Mutter!

Claudia. Wie so?

Odoardo. Nun gut, nun gut! Auch das ist so abge-
195 laufen. — Ha! wenn ich mir einbilde — — Das gerade wäre der Ort, wo ich am tödlichsten zu verwunden bin! — Ein Wollüstling, der bewundert, begehrt. — Claudia! Claudia! Der bloße Gedanke setzt mich in Wut. — Du hättest mir das sogleich sollen gemeldet haben. — Doch,
200 ich möchte dir heute nicht gern etwas Unangenehmes sagen. Und ich würde (indem sie ihn bei der Hand ergreift), wenn ich länger bliebe. — Drum laß mich! Laß mich! — Gott befohlen, Claudia! — Kommt glücklich nach!

---

194) Hervorhebung der (scheinbar) glücklichen Fügung (wie 157) durch den in verhängnisvoller Unwissenheit befindlichen Odoardo: tragische Ironie.

199) „Sollen gemeldet haben" eindringlicher als das jetzt gebräuchliche „melden sollen". Vgl. lat. statim videro gleich werde ich sehen, eigentl. gesehen haben u. a.

Fünfter Auftritt.

Claudia Galotti.

Welch ein Mann! — O der rauhen Tugend! — wenn anders sie diesen Namen verdienet. — Alles scheint ihr verdächtig, alles strafbar! — Oder, wenn das die Menschen kennen heißt: — wer sollte sich wünschen, sie zu kennen? — Wo bleibt aber auch Emilia? — Er ist des Vaters Feind: folglich — folglich, wenn er ein Auge für die Tochter hat, so ist es einzig, um ihn zu beschimpfen? —

Sechster Auftritt.

Emilia und Claudia Galotti.

Emilia (stürzt in einer ängstlichen Verwirrung herein). Wohl mir! wohl mir! — Nun bin ich in Sicherheit. Oder ist er mir gar gefolgt? (Indem sie den Schleier zurück wirft und ihre Mutter erblicket.) Ist er, meine Mutter? ist er? — Nein, dem Himmel sei Dank!

Claudia. Was ist dir, meine Tochter? was ist dir?

Emilia. Nichts, nichts —

Claudia. Und blickest so wild um dich? Und zitterst an jedem Gliede?

Emilia. Was hab' ich hören müssen! Und wo, wo hab' ich es hören müssen!

Claudia. Ich habe dich in der Kirche geglaubt —

Emilia. Eben da! Was ist dem Laster Kirch' und Altar? — Ah, meine Mutter! (Sich ihr in die Arme werfend.)

Claudia. Rede, meine Tochter! — Mach meiner Furcht ein Ende. — Was kann dir da, an heiliger Stätte, so Schlimmes begegnet sein?

Emilia. Nie hätte meine Andacht inniger, brünstiger sein sollen als heute: nie ist sie weniger gewesen, was sie sein sollte.

Claudia. Wir sind Menschen, Emilia. Die Gabe zu

beten ist nicht immer in unserer Gewalt. Dem Himmel
ist beten wollen auch beten.

Emilia. Und sündigen wollen auch sündigen.

Claudia. Das hat meine Emilia nicht wollen!

240 **Emilia.** Nein, meine Mutter, so tief ließ mich die
Gnade nicht sinken. — Aber daß fremdes Laster uns wider
unsern Willen zu Mitschuldigen machen kann!

Claudia. Fasse dich! — Sammle deine Gedanken,
so viel dir möglich. — Sag' es mir mit eins, was dir ge-
245 schehen.

Emilia. Eben hatte ich mich — weiter von dem Altare,
als ich sonst pflege, — denn ich kam zu spät — auf meine
Knie gelassen. Eben fing ich an, mein Herz zu erheben,
als dicht hinter mir etwas seinen Platz nahm. So dicht
250 hinter mir! — Ich konnte weder vor noch zur Seite rücken,
— so gern ich auch wollte, aus Furcht, daß eines andern
Andacht mich in meiner stören möchte. — Andacht! das
war das Schlimmste, was ich besorgte. — Aber es währte
nicht lange, so hört' ich, ganz nah' an meinem Ohre, —
255 nach einem tiefen Seufzer, — nicht den Namen einer
Heiligen, — den Namen, — zürnen Sie nicht, meine
Mutter — den Namen Ihrer Tochter! — Meinen Namen!
— O, daß laute Donner mich verhindert hätten, mehr zu
hören! — Es sprach von Schönheit, von Liebe — Es klagte,
260 daß dieser Tag, welcher mein Glück mache, — wenn er
es anders mache — sein Unglück auf immer entscheide. —
Es beschwor mich — Hören mußt' ich dies alles. Aber
ich blickte nicht um; ich wollte thun, als ob ich es nicht
hörte — Was konnt' ich sonst? — Meinen guten Engel
265 bitten, mich mit Taubheit zu schlagen, und wenn auch,
wenn auch auf immer! — Das bat ich; das war das einzige,
was ich beten konnte. — Endlich ward es Zeit, mich wieder
zu erheben. Das heilige Amt ging zu Ende. Ich zitterte,
ihn zu erblicken, der sich den Frevel erlauben dürfen. Und
270 da ich mich umwandte, da ich ihn erblickte —

Claudia. Wen, meine Tochter?

Emilia. Raten Sie, meine Mutter, raten Sie. — Ich glaubte in die Erde zu sinken — Ihn selbst.

Claudia. Wen ihn selbst?

Emilia. Den Prinzen. 275

Claudia. Den Prinzen! — O gesegnet sei die Ungeduld deines Vaters, der eben hier war und dich nicht erwarten wollte!

Emilia. Mein Vater hier? — und wollte mich nicht erwarten? 280

Claudia. Wenn du in deiner Verwirrung auch ihn das hätteſt hören laſſen!

Emilia. Nun meine Mutter? — Was hätt' er an mir Strafbares finden können?

Claudia. Nichts; ebenſo wenig als an mir. Und doch, 285 doch — Ha, du kenneſt deinen Vater nicht! In ſeinem Zorne hätt' er den unſchuldigen Gegenſtand des Verbrechens mit dem Verbrecher verwechſelt. In ſeiner Wut hätt' ich ihm geſchienen, das veranlaßt zu haben, was ich weder verhindern noch vorherſehen können. — Aber weiter, meine Tochter, 290 weiter! Als du den Prinzen erkannteſt — Ich will hoffen, daß du deiner mächtig genug wareſt, ihm in einem Blicke alle die Verachtung zu bezeigen, die er verdienet.

Emilia. Das war ich nicht, meine Mutter! Nach dem Blicke, mit dem ich ihn erkannte, hatt' ich nicht das Herz, 295 einen zweiten auf ihn zu richten. Ich floh —

Claudia. Und der Prinz dir nach —

Emilia. Was ich nicht wußte, bis ich in der Halle mich bei der Hand ergriffen fühlte. Und von ihm! Aus Scham mußt' ich ſtandhalten; mich von ihm loszuwinden würde die 300 Vorbeigehenden zu aufmerkſam auf uns gemacht haben. Das war die einzige Überlegung, deren ich fähig war — oder deren ich nun mich wieder erinnere. Er ſprach, und ich hab' ihm geantwortet. Aber, was er ſprach, was ich ihm geantwortet, — fällt mir es noch bei, ſo iſt es gut, ſo 305 will ich es Ihnen ſagen, meine Mutter. Jetzt weiß ich von dem allen nichts. Meine Sinne hatten mich verlaſſen.

— Umfonft denk ich nach, wie ich von ihm weg und aus
der Halle gekommen. Ich finde mich erft auf der Straße
310 wieder und höre ihn hinter mir herkommen und höre ihn
mit mir zugleich in das Haus treten, mit mir die Treppe
hinauf fteigen —

Claudia. Die Furcht hat ihren befondern Sinn, meine
Tochter! — Ich werde es nie vergeffen, mit welcher Ge=
315 bärde Du hereinftürzteft. — Nein, fo weit durfte er nicht
wagen, dir zu folgen. — Gott! Gott! wenn dein Vater
das mühte! — Wie wild er fchon war, als er nur hörte,
daß der Prinz dich jüngft nicht ohne Mißfallen gefehen! —
Indes fei ruhig, meine Tochter! Nimm es für einen Traum,
320 was dir begegnet ift. Auch wird es noch weniger Folgen
haben als ein Traum. Du entgeheft heute mit eins allen
Nachftellungen.

Emilia. Aber, nicht, meine Mutter? Der Graf muß
das wiffen. Ihm muß ich es fagen.

325   **Claudia.** Um alle Welt nicht! Wozu? Warum? Willft
du für nichts und wieder für nichts ihn unruhig machen?
Und wenn er es auch itzt nicht würde: wiffe, mein Kind,
daß ein Gift, welches nicht gleich wirket, darum kein minder
gefährliches Gift ift. Was auf den Liebhaber keinen Ein=
330 druck macht, kann ihm auf den Gemahl machen. Den Lieb=
haber könnt' es fogar fchmeicheln, einem fo wichtigen Mit=
bewerber den Rang abzulaufen. Aber wenn er ihm den nun
einmal abgelaufen hat, ah! mein Kind, — fo wird aus
dem Liebhaber oft ein ganz anderes Gefchöpf. Dein gutes
335 Geftirn behüte dich vor diefer Erfahrung.

---

313) Sinn = Empfindung, Gefühl. Von der Furcht beeinflußt,
pflegt der Menfch alles anders wahrzunehmen und fich infolgedeffen
zu täufchen.
318) „Nicht ohne Mißfallen" = mit Wohlgefallen. Die beiden
Verneinungen heben fich hier nicht auf.
331) Die früher nicht feltene Konftruktion von fchmeicheln mit
dem Accufativ auch III, 365. In der Handfchrift fteht der Dativ.
Vgl. flatter quelquun.

Emilia Sie wissen, meine Mutter, wie gern ich Ihren
bessern Einsichten mich in allem unterwerfe. — Aber wenn
er es von einem andern erführe, daß der Prinz mich heute
gesprochen? Würde mein Verschweigen nicht früh oder spät
seine Unruhe vermehren? — Ich dächte doch, ich behielte 340
lieber vor ihm nichts auf dem Herzen.

Claudia. Schwachheit! verliebte Schwachheit! — Nein,
durchaus nicht, meine Tochter! Sag' ihm nichts. Laß ihn
nichts merken.

Emilia. Nun ja, meine Mutter! Ich habe keinen 345
Willen gegen den Ihrigen. — Aha! (Mit einem tiefen Atemzuge.)
Auch wird mir wieder ganz leicht. — Was für ein albernes,
furchtsames Ding ich bin! — Nicht, meine Mutter? — Ich
hätte mich wohl anders dabei nehmen können und würde mir
ebenso wenig vergeben haben. 350

Claudia. Ich wollte dir das nicht sagen, meine Tochter,
bevor dir es dein eigner gesunder Verstand sagte. Und ich
wußte, er würde dir es sagen, sobald du wieder zu dir
selbst gekommen. — Der Prinz ist galant. Du bist die
unbedeutende Sprache der Galanterie zu wenig gewohnt. 355
Eine Höflichkeit wird in ihr zur Empfindung; eine Schmeichelei
zur Beteuerung; ein Einfall zum Wunsche; ein Wunsch
zum Vorsatze. Nichts klingt in dieser Sprache wie alles,
und alles ist in ihr so viel als nichts.

Emilia. O meine Mutter! — so müßte ich mir mit 360
meiner Furcht vollends lächerlich vorkommen! — Nun soll
er gewiß nichts davon erfahren, mein guter Appiani! Er
könnte mich leicht für mehr eitel als tugendhaft halten. —
Hui! daß er da selbst kömmt! Es ist sein Gang.

---

349) „Sich nehmen" veraltet für sich benehmen, auch III 11.

365   ### Siebenter Auftritt.

Graf Appiani. Die Vorigen.

Appiani (tritt tieffinnig, mit vor fich hingefchlagenen Augen herein und kömmt näher, ohne fie zu erbliden, bis Emilia ihm entgegenfpringt). Ah, meine
Teuerfte! — Ich war mir Sie in dem Vorzimmer nicht
370 vermutend.

Emilia. Ich wünfchte Sie heiter, Herr Graf, auch wo
Sie mich nicht vermuten. — So feierlich? fo ernfthaft?
— Ift diefer Tag keiner freudigeren Aufwallung wert?

Appiani. Er ift mehr wert als mein ganzes Leben.
375 Aber fchwanger mit fo viel Glückfeligkeit für mich, —
mag es wohl diefe Glückfeligkeit felbft fein, die mich fo
ernft, die mich, wie Sie es nennen, mein Fräulein, fo feier=
lich macht. — (Indem er die Mutter erblidt.) Ha! auch Sie hier,
meine gnädige Frau! — nun bald mir mit einem innigern
380 Namen zu verehrende!

Claudia. Der mein größter Stolz fein wird! — Wie
glücklich bift du, meine Emilia! — Warum hat dein Vater
unfere Entzückung nicht teilen wollen?

Appiani. Eben hab' ich mich aus feinen Armen ge=
385 riffen, — oder vielmehr er fich aus meinen. — Welch ein
Mann, meine Emilia, Ihr Vater! Das Mufter aller männ=
lichen Tugend! Zu was für Gefinnungen erhebt fich meine
Seele in feiner Gegenwart! Nie ift mein Entfchluß, immer
gut, immer edel zu fein, lebendiger, als wenn ich ihn fehe,
390 — wenn ich ihn mir denke. Und womit fonft, als mit
der Erfüllung diefes Entfchluffes, kann ich mich der Ehre

---

367) „Vor fich hingefchlagene Augen" veraltete Ausdrucksweife
ftatt niedergefchlagene Augen.

370) „Ich war Sie nicht vermutend". Diefe umfchreibende Aus=
drucksweife ift im Englifchen auch jetzt noch ganz gewöhnlich (fog.
Durativ); auch IV 193.

386) Vgl. hierzu Liv. III 44: Pater virginis L. Virgilius
honeftum ordinem in Algido ducebat, vir exempli recti domi
militiaeque. Perinde uxor inftituta erat liberique inftituebantur.

würdig machen, sein Sohn zu heißen, — der Ihrige zu sein, meine Emilia?

Emilia. Und er wollte mich nicht erwarten!

Appiani. Ich urteile, weil ihn seine Emilia für diesen 395 augenblicklichen Besuch zu sehr erschüttert, zu sehr sich seiner ganzen Seele bemächtiget hätte.

Claudia. Er glaubte dich mit deinem Brautschmucke be= schäftiget zu finden und hörte —

Appiani. Was ich mit der zärtlichsten Bewunderung 400 wieder von ihm gehört habe. — So recht, meine Emilia! Ich werde eine fromme Frau an Ihnen haben, und die nicht stolz auf ihre Frömmigkeit ist.

Claudia. Aber, meine Kinder, eines thun und das andere nicht lassen! — Nun ist es hohe Zeit; nun mach, 405 Emilia!

Appiani. Was? meine gnädige Frau.

Claudia. Sie wollen sie doch nicht so, Herr Graf, so wie sie da ist, zum Altare führen?

Appiani. Wahrlich, das werd' ich nun erst gewahr. 410 — Wer kann Sie sehen, Emilia, und auch auf Ihren Putz achten? — Und warum nicht so, so wie sie da ist?

Emilia. Nein, mein lieber Graf, nicht so, nicht ganz so. Aber auch nicht viel prächtiger, nicht viel. Husch, husch, und ich bin fertig! — Nichts, gar nichts von dem 415 Geschmeide, dem letzten Geschenke Ihrer verschwenderischen Großmut! Nichts, gar nichts, was sich nur zu solchem Geschmeide schickte! — Ich könnte ihm gram sein, diesem Geschmeide, wenn es nicht von Ihnen wäre. — Denn dreimal hat mir von ihm geträumet — 420

Claudia. Nun? Davon weiß ich ja nichts.

Emilia. Als ob ich es trüge, und als ob plötzlich sich jeder Stein desselben in eine Perle verwandele. — Perlen aber, meine Mutter, Perlen bedeuten Thränen.

Claudia. Kind! — Die Bedeutung ist träumerischer 425 als der Traum. — Warest du nicht von jeher eine größere Liebhaberin von Perlen als von Steinen? —

Emilia. Freilich, meine Mutter, freilich —

Appiani (nachdenkend und schwermütig). Bedeuten Thränen —
430 bedeuten Thränen!

Emilia. Wie? Ihnen fällt das auf? Ihnen?

Appiani. Ja wohl, ich sollte mich schämen. — Aber,
wenn die Einbildungskraft einmal zu traurigen Bildern ge=
stimmt ist —

435   **Emilia.** Warum ist sie das auch? — Und was meinen
Sie, das ich mir ausgedacht habe? — Was trug ich, wie
sah ich aus, als ich Ihnen zuerst gefiel? — Wissen Sie
es noch?

Appiani. Ob ich es noch weiß? Ich sehe Sie in Ge=
440 danken nie anders als so, und sehe Sie so, auch wenn ich
Sie nicht so sehe.

Emilia. Also ein Kleid von der nämlichen Farbe, von
dem nämlichen Schnitte; fliegend und frei —

Appiani. Vortrefflich!

445   **Emilia.** Und das Haar —

Appiani. In seinem eignen braunen Glanze; in Locken,
wie sie die Natur schlug —

Emilia. Die Rose darin nicht zu vergessen! Recht!
recht! — Eine kleine Gedulb, und ich stehe so vor Ihnen da!

450   **Achter Auftritt.**

Graf Appiani. Claudia Galotti.

Appiani (indem er ihr mit einer niedergeschlagenen Miene nachsieht).
Perlen bedeuten Thränen! — Eine kleine Gedulb? — Ja,
wenn die Zeit nur außer uns wäre! — Wenn eine Minute
455 am Zeiger sich in uns nicht in Jahre ausdehnen könnte! —

454) „Wenn die Zeit nur außer uns wäre" = wenn sich
das („kleine Gedulb") nur so äußerlich abmessen ließe! Die Zeit
existiert nicht unabhängig außerhalb des Menschen, sondern wie alles
hat auch sie zum Maßstab den Menschen (das Innere des Menschen).
Ἄνθρωπος μέτρον πάντων, Protagoras.

Claudia. Emiliens Beobachtung, Herr Graf, war so schnell als richtig. Sie sind heut ernster als gewöhnlich. Nur noch einen Schritt von dem Ziele Ihrer Wünsche, — sollt' es Sie reuen, Herr Graf, daß es das Ziel Ihrer Wünsche gewesen? 460

Appiani. Ah, meine Mutter, und Sie können das von Ihrem Sohne argwohnen? — Aber es ist wahr, ich bin heut ungewöhnlich trübe und finster. — Nur sehen Sie, gnädige Frau, — noch einen Schritt vom Ziele oder noch gar nicht ausgelaufen sein ist im Grunde eines. — Alles, was 465 ich sehe, alles, was ich höre, alles, was ich träume, prediget mir seit gestern und ehegestern diese Wahrheit. Dieser eine Gedanke kettet sich an jeden andern, den ich haben muß und haben will. — Was ist das? Ich versteh' es nicht. —

Claudia. Sie machen mich unruhig, Herr Graf — 470

Appiani. Eines kommt dann zum andern! — Ich bin ärgerlich, ärgerlich über meine Freunde, über mich selbst —

Claudia. Wie so?

Appiani. Meine Freunde verlangen schlechterdings, daß 475 ich dem Prinzen von meiner Heirat ein Wort sagen soll, ehe ich sie vollziehe. Sie geben mir zu, ich sei es nicht schuldig; aber die Achtung gegen ihn woll' es nicht anders. — Und ich bin schwach genug gewesen, es ihnen zu versprechen. Eben wollt' ich noch bei ihm vorfahren. 580

Claudia (stutzig). Bei dem Prinzen?

---

459) Nach unseren Begriffen eine unfeine Bemerkung, aber nicht weiter auffällig, wenn man an die schroffe Sonderung der Stände denkt, die noch im vorigen Jahrhundert vorherrschte. Vgl. oben I 340 Marinellis Äußerungen über das „Mißbündnis", das Appiani schließe.

462) „Argwohnen" wie in III 184 und sonst statt des richtigen argwöhnen.

Neunter Auftritt.

Pirro, gleich darauf **Marinelli** und die Vorigen.

Pirro. Gnädige Frau, der Marchese Marinelli hält
585 vor dem Hause und erkundigt sich nach dem Herrn Grafen.
Appiani. Nach mir?
Pirro. Hier ist er schon. (Öffnet ihm die Thüre und geht ab.)
Marinelli. Ich bitt' um Verzeihung, gnädige Frau.
— Mein Herr Graf, ich war vor Ihrem Hause und erfuhr,
590 daß ich Sie hier treffen würde. Ich hab' ein dringendes
Geschäft an Sie — Gnädige Frau, ich bitte nochmals um
Verzeihung; es ist in einigen Minuten geschehen.
Claudia. Die ich nicht verzögern will. (Macht ihm eine
Verbeugung und geht ab.)

595   ## Zehnter Auftritt.

Marinelli. Appiani.

Appiani. Nun, mein Herr?
Marinelli. Ich komme von des Prinzen Durchlaucht.
Appiani. Was ist zu seinem Befehle?
600 **Marinelli.** Ich bin stolz, der Überbringer einer so vor-
züglichen Gnade zu sein. — Und wenn Graf Appiani nicht
mit Gewalt einen seiner ergebensten Freunde in mir ver-
kennen will — —
Appiani. Ohne weitere Vorrede, wenn ich bitten darf.
605 **Marinelli.** Auch das! — Der Prinz muß sogleich an
den Herzog von Massa in Angelegenheit seiner Vermählung
mit dessen Prinzessin Tochter einen Bevollmächtigten senden.
Er war lange unschlüssig, wen er dazu ernennen sollte.
Endlich ist seine Wahl, Herr Graf, auf Sie gefallen.
610 **Appiani.** Auf mich?
Marinelli. Und das — wenn die Freundschaft ruhm-
redig sein darf — nicht ohne mein Zuthun —
Appiani. Wahrlich, Sie setzen mich wegen eines
Dankes in Verlegenheit. — Ich habe schon längst nicht

mehr erwartet, daß der Prinz mich zu brauchen geruhen 615 werde. —

Marinelli. Ich bin versichert, daß es ihm bloß an einer würdigen Gelegenheit gemangelt hat. Und wenn auch diese so eines Mannes, wie Graf Appiani, noch nicht würdig genug sein sollte: so ist freilich meine Freundschaft zu vor- 620 eilig gewesen.

Appiani. Freundschaft und Freundschaft um das dritte Wort! — Mit wem red' ich denn? Des Marchese Marinelli Freundschaft hätt' ich mir nie träumen lassen. —

Marinelli. Ich erkenne mein Unrecht, Herr Graf, 625 mein unverzeihliches Unrecht, daß ich ohne Ihre Erlaubnis Ihr Freund sein wollen. — Bei dem allen, was thut das? Die Gnade des Prinzen, die Ihnen angetragene Ehre bleiben, was sie sind, und ich zweifle nicht, Sie werden sie mit Begierd' ergreifen. 630

Appiani (nach einiger Überlegung). Allerdings.

Marinelli. Nun so kommen Sie.

Appiani. Wohin?

Marinelli. Nach Dosalo, zu dem Prinzen. — Es liegt schon alles fertig, und Sie müssen noch heut abreisen. 635

Appiani. Was sagen Sie? — Noch heute?

Marinelli. Lieber noch in dieser nämlichen Stunde als in der folgenden. Die Sache ist von der äußersten Eil'.

Appiani. In Wahrheit? — So thut es mir leid, daß ich die Ehre, welche mir der Prinz zugedacht, ver- 640 bitten muß.

Marinelli. Wie?

Appiani. Ich kann heute nicht abreisen; — auch morgen nicht; — auch übermorgen noch nicht. —

Marinelli. Sie scherzen, Herr Graf. 645

---

615) „Brauchen“ = gebrauchen, verwenden.
641) „Verbitten“ = höflich ablehnen wie oben II 38 (= lat. deprecari); in diesem höflichen Sinne nicht mehr üblich.

Appiani. Mit Ihnen?

Marinelli. Unvergleichlich! Wenn der Scherz dem Prinzen gilt, so ist er um so viel lustiger. — Sie können nicht?

650 **Appiani.** Nein, mein Herr, nein. — Und ich hoffe, daß der Prinz selbst meine Entschuldigung wird gelten lassen.

Marinelli. Die bin ich begierig zu hören.

Appiani. O, eine Kleinigkeit! — Sehen Sie, ich soll noch heut eine Frau nehmen.

655 **Marinelli.** Nun? und dann?

Appiani. Und dann? — und dann? — Ihre Frage ist auch doch verzweifelt naiv.

Marinelli. Man hat Exempel, Herr Graf, daß sich Hochzeiten aufschieben lassen. — Ich glaube freilich nicht, 660 daß der Braut und dem Bräutigam immer damit gedient ist. Die Sache mag ihr Unangenehmes haben. Aber doch, dächt' ich, der Befehl des Herrn —

Appiani. Der Befehl des Herrn? — des Herrn? Ein Herr, den man sich selber wählt, ist unser Herr so eigent=
665 lich nicht — Ich gebe zu, daß Sie dem Prinzen unbe= dingten Gehorsam schuldig wären. Aber nicht ich. — Ich kam an seinen Hof als ein Freiwilliger. Ich wollte die Ehre haben, ihm zu dienen, aber nicht sein Sklave werden. Ich bin der Vasall eines größern Herrn —

670 **Marinelli.** Größer oder kleiner: Herr ist Herr.

Appiani. Daß ich mit Ihnen darüber stritte! — Ge= nug, sagen Sie dem Prinzen, was Sie gehört haben: — daß es mir leid thut, seine Gnade nicht annehmen zu können; weil ich eben heut eine Verbindung vollzöge, die 675 mein ganzes Glück ausmache.

Marinelli. Wollen Sie ihn nicht zugleich wissen lassen, mit wem?

---

646) Warum wird er mit Marinelli am wenigsten scherzen?

653) Ein wichtiger Umstand wieder (vgl. zu I 310) als neben= sächlich eingeführt!

669) „Eines größeren Herrn", nämlich des Kaisers.

Appiani. Mit Emilia Galotti.

Marinelli. Der Tochter aus diesem Hause?

Appiani. Aus diesem Hause. 680

Marinelli. Hm! Hm!

Appiani. Was beliebt?

Marinelli. Ich sollte meinen, daß es sonach um so weniger Schwierigkeit haben könne, die Zeremonie bis zu Ihrer Zurückkunft auszusetzen. 685

Appiani. Die Zeremonie? Nur die Zeremonie?

Marinelli. Die guten Eltern werden es so genau nicht nehmen.

Appiani. Die guten Eltern?

Marinelli. Und Emilia bleibt Ihnen ja wohl gewiß. 690

Appiani. Ja wohl gewiß? — Sie sind mit Ihrem Jawohl — ja wohl ein ganzer Affe!

Marinelli. Mir das, Graf?

Appiani. Warum nicht?

Marinelli. Himmel und Hölle! — Wir werden uns 695 sprechen.

Appiani. Pah! Hämisch ist der Affe; aber —

Marinelli. Tod und Verdammnis! — Graf, ich fordere Genugthuung.

Appiani. Das versteht sich. 700

Marinelli. Und würde sie gleich jetzt nehmen: — nur daß ich dem zärtlichen Bräutigam den heutigen Tag nicht verderben mag.

Appiani. Gutherziges Ding! Nicht doch! Nicht doch! (Indem er ihn bei der Hand ergreift.) Nach Massa freilich mag ich 705 mich heute nicht schicken lassen; aber zu einem Spaziergang mit Ihnen hab' ich Zeit übrig. — Kommen Sie, kommen Sie!

Marinelli (der sich losreißt und abgeht). Nur Geduld, Graf, nur Geduld!

710   **Elfter Auftritt.**

Appiani. Claudia Galotti.

Appiani. Geh, Nichtswürdiger! — Ha! das hat gut gethan. Mein Blut ist in Wallung gekommen. Ich fühle mich anders und besser.

715   **Claudia** (eiligst und besorgt). Gott! Herr Graf — ich hab' einen heftigen Wortwechsel gehört. — Ihr Gesicht glühet. Was ist vorgefallen?

Appiani. Nichts, gnädige Frau, gar nichts. Der Kammerherr Marinelli hat mir einen großen Dienst er=
720 wiesen. Er hat mich des Ganges zum Prinzen überhoben.

Claudia. In der That?

Appiani. Wir können nun um so viel früher abfahren. Ich gehe, meine Leute zu treiben, und bin sogleich wieder hier. Emilia wird indes auch fertig.

725   **Claudia.** Kann ich ganz ruhig sein, Herr Graf?

Appiani. Ganz ruhig, gnädige Frau. (Sie geht herein und er fort).

Dritter Aufzug.

Die Scene: Ein Vorsaal auf dem Lustschlosse des Prinzen.

Erster Auftritt.

Der Prinz. Marinelli.

5   **Marinelli.** Umsonst; er schlug die angetragene Ehre mit der größten Verachtung aus.

Der Prinz. Und so bleibt es dabei? So geht es vor sich? So wird Emilia noch heute die seinige?

Marinelli. Allem Ansehen nach.

---

714) Vgl. damit Emilias Aufatmen in ähnlicher Lage II 346!

Der Prinz. Ich versprach mir von Ihrem Einfalle 10
so viel! — Wer weiß, wie albern Sie sich dabei genommen.
— Wenn der Rat eines Thoren einmal gut ist, so muß
ihn ein gescheiter Mann ausführen. Das hätt' ich bedenken
sollen.

Marinelli. Da find' ich mich schön belohnt! 15

Der Prinz. Und wofür belohnt?

Marinelli. Daß ich noch mein Leben darüber in die
Schanze schlagen wollte. — Als ich sahe, daß weder Ernst
noch Spott den Grafen bewegen konnte, seine Liebe der
Ehre nachzusetzen, versucht' ich es, ihn in Harnisch zu jagen. 20
Ich sagte ihm Dinge, über die er sich vergaß. Er stieß
Beleidigungen gegen mich aus, und ich forderte Genug=
thuung — und forderte sie gleich auf der Stelle. — Ich
dachte so: entweder er mich, oder ich ihn. Ich ihn: so
ist das Feld ganz unser. Oder er mich: nun, wenn auch, 25
so muß er fliehen, und der Prinz gewinnt wenigstens Zeit.

Der Prinz. Das hätten Sie gethan, Marinelli?

Marinelli. Ha! man sollt' es voraus wissen, wenn
man so thöricht bereit ist, sich für die Großen aufzuopfern
— man sollt' es voraus wissen, wie erkenntlich sie sein 30
würden —

Der Prinz. Und der Graf? Er steht in dem Rufe,
sich so etwas nicht zweimal sagen zu lassen.

Marinelli. Nachdem es fällt, ohne Zweifel. — Wer
kann es ihm verdenken? — Er versetzte, daß er auf heute 35
doch noch etwas Wichtigers zu thun habe, als sich mit mir
den Hals zu brechen. Und so beschied er mich auf die
ersten acht Tage nach der Hochzeit.

---

18) „In die Schanze schlagen" (von frz. chance, lat. cadentia
Fall, nämlich der Würfel) = sein Leben aufs Spiel setzen.
20) In Harnisch (vom franz. harnais) jagen = in Zorn bringen,
eigentl. kampfgerüstet, kriegsbereit machen.
34) „Nachdem es fällt", Ausdruck vom Würfelspiel = je nach=
dem die Umstände sind.

Der Prinz. Mit Emilia Galotti! Der Gedanke macht
40 mich rasend! — Darauf ließen Sie es gut sein und gingen
— und kommen und prahlen, daß Sie Ihr Leben für mich
in die Schanze geschlagen, sich mir aufgeopfert —
Marinelli. Was wollen Sie aber, gnädiger Herr, daß
ich weiter hätte thun sollen?
45   **Der Prinz.** Weiter thun? — Als ob er etwas ge=
than hätte!
Marinelli. Und lassen Sie doch hören, gnädiger Herr,
was Sie für sich selbst gethan haben. — Sie waren so
glücklich, sie noch in der Kirche zu sprechen. Was haben Sie
50 mit ihr abgeredet?
Der Prinz (höhnisch). Neugierde zur Genüge! — Die
ich nur befriedigen muß. — O, es ging alles nach Wunsch.
— Sie brauchen sich nicht weiter zu bemühen, mein allzu
dienstfertiger Freund! — Sie kam meinem Verlangen mehr
55 als halbes Weges entgegen. Ich hätte sie nur gleich mit=
nehmen dürfen. (Kalt und befehlend). Nun wissen Sie, was Sie
wissen wollen, — und können gehn!
Marinelli. Und können gehn! — Ja, ja; das ist das
Ende vom Liede! — und würd' es sein, gesetzt auch, ich wollte
60 noch das Unmögliche versuchen. — Das Unmögliche, sag'
ich? — So unmöglich wär' es nun wohl nicht, aber kühn!
— Wenn wir die Braut in unserer Gewalt hätten, so
stünd' ich dafür, daß aus der Hochzeit nichts werden sollte.
Der Prinz. Ei! wofür der Mann nicht alles stehen
65 will! Nun dürft' ich ihm nur noch ein Kommando von
meiner Leibwache geben, und er legte sich an der Landstraße
damit in Hinterhalt und fiel selbstfunfziger einen Wagen

---

59) „Das Ende vom Liede", Redensart des gewöhnlichen
Lebens, die ursprünglich auf das Ende (die Katastrophe) der in einem
Volksliede behandelten Begebenheit hindeutet (vgl. Wunderhorn I,
S. 113 „Mühlrad" letzte Strophe u. a.).
67) „Selbstfunfziger", falsche Bildung statt selbstfunfzigster =
selbst als fünfzigster, also mit 49 andern. Jetzt ist diese Bildung
fast nur noch in selbander gebräuchlich.

an und riß ein Mädchen heraus, das er im Triumphe mir
zubrächte.

Marinelli. Es ist eher ein Mädchen mit Gewalt ent= 70
führt worden, ohne daß es einer gewaltsamen Entführung
ähnlich gesehen.

Der Prinz. Wenn Sie das zu machen müßten, so
würden Sie nicht erst lange davon schwatzen.

Marinelli. Aber für den Ausgang müßte man nicht 75
stehen sollen. — Es können sich Unglücksfälle dabei er=
eignen —

Der Prinz. Und es ist meine Art, daß ich Leute
verantworten lasse, wofür sie nicht können!

Marinelli. Also, gnädiger Herr — (Man hört von weitem 80
einen Schuß.) Ha! was war das? — Hört' ich recht? Hörten
Sie nicht auch, gnädiger Herr, einen Schuß fallen? —
Und da noch einen!

Der Prinz. Was ist das? was gibt's?

Marinelli. Was meinen Sie wohl? — Wie, wenn 85
ich thätiger wäre, als Sie glauben?

Der Prinz. Thätiger? — So sagen Sie doch —

Marinelli. Kurz: wovon ich gesprochen, geschieht.

Der Prinz. Ist es möglich?

Malinelli. Nur vergessen Sie nicht, Prinz, wessen Sie 90
mich eben versichert. — Ich habe nochmals Ihr Wort —

Der Prinz. Aber die Anstalten sind doch so —

Marinelli. Als sie nur immer sein können! — Die Aus=
führung ist Leuten anvertrauet, auf die ich mich verlassen
kann. Der Weg geht hart an der Planke des Tiergartens 95
vorbei. Da wird ein Teil den Wagen angefallen haben,
gleichsam um ihn zu plündern. Und ein andrer Teil, wobei
einer von meinen Bedienten ist, wird aus dem Tiergarten

---

70) „Eher" = schon oft, eigentl. ehemals, sonst.

77) „Ereignen". Mit Lessing würde man richtiger eräugnen
schreiben, nach mhd. eröugen (von ouge, Auge) = vor die Augen
treten, erscheinen. Die gegenwärtige, auf Umdeutung beruhende
Schreibung kommt aber schon im 16. Jhrdt. vor.

gestürzt sein, den Angefallenen gleichsam zur Hilfe. Während
des Handgemenges, in das beide Teile zum Schein geraten,
100 soll mein Bedienter Emilien ergreifen, als ob er sie retten
wolle, und durch den Tiergarten in das Schloß bringen.
— So ist die Abrede. — Was sagen Sie nun, Prinz?
    Der Prinz. Sie überraschen mich auf eine sonderbare
Art. — Und eine Bangigkeit überfällt mich — (Marinelli tritt
105 an das Fenster.) Wonach sehen Sie?
    Marinelli. Dahinaus muß es sein! — Recht! — und
eine Maske kömmt bereits um die Planke gesprengt, —
ohne Zweifel, mir den Erfolg zu berichten. — Entfernen
Sie sich, gnädiger Herr.
110   **Der Prinz.** Ah, Marinelli —
    Marinelli. Nun? Nicht wahr, nun hab' ich zu viel ge=
than und vorhin zu wenig?
    Der Prinz. Das nicht. Aber ich sehe bei alledem
nicht ab — —
115   **Marinelli.** Absehn? — Lieber alles mit eins! —
Geschwind entfernen Sie sich. — Die Maske muß Sie nicht
sehen.

(Der Prinz geht ab.)

Zweiter Auftritt.

120   **Marinelli** und bald darauf **Angelo.**

    Marinelli (der wieder nach dem Fenster geht). Dort fährt der
Wagen langsam nach der Stadt zurück. — So langsam?
Und in jedem Schlage ein Bedienter? — Das sind An=
zeichen, die mir nicht gefallen: — daß der Streich wohl
125 nur halb gelungen ist; — daß man einen Verwundeten
gemächlich zurückführet — und keinen Toten. — Die Maske
steigt ab. — Es ist Angelo selbst. Der Tolldreiste! —
Endlich, hier weiß er die Schliche. — Er winkt mir zu. Er

---

128) „Endlich" ruft Marinelli aus, da Angelo wohl für einige
Augenblicke entschwunden war und nun wieder auftaucht.

muß seiner Sache gewiß sein. — Ha, Herr Graf, der Sie nicht nach Massa wollten und nun noch einen weitern Weg 130 müssen! — Wer hatte Sie die Affen so kennen gelehrt? (Indem er nach der Thüre zugeht.) Ja wohl sind sie hämisch. — Nun, Angelo?

Angelo (der die Maske abgenommen). Passen Sie auf, Herr Kammerherr! Man muß sie gleich bringen. 135

Marinelli. Und wie lief es sonst ab?

Angelo. Ich denke ja, recht gut.

Marinelli. Wie steht es mit dem Grafen?

Angelo. Zu dienen! So, so! — Aber er muß Wind gehabt haben. Denn er war nicht so ganz unbereitet. 140

Marinelli. Geschwind sage mir, was du mir zu sagen hast! — Ist er tot?

Angelo. Es thut mir leid um den guten Herrn.

Marinelli. Nun da, für dein mitleidiges Herz! (Gibt ihm einen Beutel mit Gold.) 145

Angelo. Vollends mein braver Nicolo, der das Bad mit bezahlen müssen.

Marinelli. So? Verlust auf beiden Seiten?

Angelo. Ich könnte weinen um den ehrlichen Jungen! Ob mir sein Tod schon das (indem er den Beutel in der Hand wieget) 150 um ein Vierteil verbessert. Denn ich bin sein Erbe, weil ich ihn gerächt habe. Das ist so unser Gesetz: ein so gutes, mein' ich, als für Treu und Freundschaft je gemacht worden. Dieser Nicolo, Herr Kammerherr —

Marinelli. Mit deinem Nicolo! — Aber der Graf, 155 der Graf —

Angelo. Blitz! der Graf hatte ihn gut gefaßt. Dafür faßt' ich auch wieder den Grafen! — Er stürzte; und wenn er noch lebendig zurück in die Kutsche kam, so steh' ich dafür, daß er nicht lebendig wieder herauskömmt. 160

---

140) „Unbereitet" nach älterem Sprachgebrauch für unvorbereitet.

147) „Das Bad bezahlen müssen" (ähnlich d. B. austragen, aussaufen), wie man sagt die Zeche bezahlen müssen = für einen andern büßen müssen.

Marinelli. Wenn das nur gewiß ist, Angelo.

Angelo. Ich will Ihre Kundschaft verlieren, wenn es nicht gewiß ist! — Haben Sie noch was zu befehlen? Denn mein Weg ist der weiteste: wir wollen heute noch
165 über die Grenze.

Marinelli. So geh!

Angelo. Wenn wieder was vorfällt, Herr Kammerherr, — Sie wissen, wo ich zu erfragen bin. Was sich ein anderer zu thun getrauet, wird für mich auch keine Hexerei sein.
170 Und billiger bin ich als jeder andere. (Geht ab.)

Marinelli. Gut das! — Aber doch nicht so recht gut. — Pfui, Angelo! so ein Knicker zu sein! Einen zweiten Schuß wäre er ja wohl noch wert gewesen. — Und wie er sich vielleicht nun martern muß, der arme Graf! —
175 Pfui, Angelo! Das heißt sein Handwerk sehr grausam treiben — und verpfuschen. — Aber davon muß der Prinz noch nichts wissen. Er muß erst selbst finden, wie zuträg= lich ihm dieser Tod ist. — Dieser Tod! — Was gäb' ich um die Gewißheit!

180   **Dritter Auftritt.**

                    Der Prinz. Marinelli.

Der Prinz. Dort kömmt sie die Allee herauf. Sie eilet vor dem Bedienten her. Die Furcht, wie es scheinet, beflügelt ihre Füße. Sie muß noch nichts argwohnen.
185 Sie glaubt sich nur vor Räubern zu retten. — Aber wie lange kann das dauern?

Marinelli. So haben wir sie doch fürs erste.

Der Prinz. Und wird die Mutter sie nicht aufsuchen? Wird der Graf ihr nicht nachkommen? Was sind wir als=
190 dann weiter? Wie kann ich sie ihnen vorenthalten?

Marinelli. Auf das alles weiß ich freilich noch nichts zu antworten. Aber wir müssen sehen. Gedulden Sie sich,

gnädiger Herr. Der erste Schritt mußte doch gethan
sein. —

Der Prinz. Wozu, wenn wir ihn zurückthun müssen? 195

Marinelli. Vielleicht müssen wir nicht. — Da sind
tausend Dinge, auf die sich weiter fußen läßt. — Und vergessen Sie denn das Vornehmste?

Der Prinz. Wie kann ich vergessen, woran ich sicher
noch nicht gedacht habe? — Das Vornehmste, was ist das? 200

Marinelli. Die Kunst zu gefallen, zu überreden, —
die einem Prinzen, welcher liebt, nie fehlet.

Der Prinz. Nie fehlet! Außer, wo er sie gerade am
nötigsten brauchte. — Ich habe von dieser Kunst schon
heut einen zu schlechten Versuch gemacht. Mit allen 205
Schmeicheleien und Beteuerungen konnt' ich ihr auch nicht
ein Wort auspressen. Stumm und niedergeschlagen und
zitternd stand sie da, wie eine Verbrecherin, die ihr Todesurteil höret. Ihre Angst steckte mich an, ich zitterte mit
und schloß mit einer Bitte um Vergebung. Kaum getrau' 210
ich mir, sie wieder anzureden. — Bei ihrem Eintritte
wenigstens mag' ich es nicht zu sein. Sie, Marinelli,
müssen sie empfangen! Ich will hier in der Nähe hören,
wie es abläuft, und kommen, wenn ich mich mehr ge-
sammelt habe. 215

Vierter Auftritt.

Marinelli und bald darauf dessen Bedienter **Battista** mit **Emilien.**

Marinelli. Wenn sie ihn nicht selbst stürzen gesehen
— und das muß sie wohl nicht, da sie so fortgeeilet —
Sie kömmt. Auch ich will nicht das erste sein, was ihr 220
hier in die Augen fällt. (Er zieht sich in einen Winkel des Saales
zurück.)

Battista. Nur hier herein, gnädiges Fräulein.

Emilia (außer Atem). Ah! — Ah! — Ich danke Ihm,
mein Freund; — Ich dank' Ihm. — Aber Gott, Gott! 225

wo bin ich? — Und so ganz allein? Wo bleibt meine
Mutter? Wo bleibt der Graf? — Sie kommen doch nach?
mir auf dem Fuße nach?

Battista. Ich vermute.

230   **Emilia.** Er vermutet? Er weiß es nicht? Er sah sie
nicht? — Ward nicht gar hinter uns geschossen? —

Battista. Geschossen? — Das wäre! —

Emilia. Ganz gewiß! Und das hat den Grafen oder
meine Mutter getroffen. —

235   **Battista.** Ich will gleich nach ihnen ausgehen.

Emilia. Nicht ohne mich. — Ich will mit; ich muß
mit; komm' Er, mein Freund!

Marinelli (der plötzlich herzutritt, als ob er eben herein käme). Ah,
gnädiges Fräulein! Was für ein Unglück oder vielmehr
240 was für ein Glück, — was für ein glückliches Unglück ver=
schafft uns die Ehre —

Emilia (stutzend). Wie? Sie hier, mein Herr? — Ich
bin also wohl bei Ihnen? — Verzeihen Sie, Herr Kammer=
herr. Wir sind von Räubern unfern überfallen worden.
245 Da kamen uns gute Leute zuhilfe; — und dieser ehrliche
Mann hob mich aus dem Wagen und brachte mich hierher.
— Aber ich erschrecke, mich allein gerettet zu sehen. Meine
Mutter ist noch in der Gefahr. Hinter uns ward sogar
geschossen. Sie ist vielleicht tot; — und ich lebe? —
250 Verzeihen Sie. Ich muß fort; ich muß wieder hin, —
wo ich gleich hätte bleiben sollen.

Marinelli. Beruhigen Sie sich, gnädiges Fräulein.
Es stehet alles gut; sie werden bald bei Ihnen sein, die
geliebten Personen, für die Sie so viel zärtliche Angst em=
255 pfinden — Indes, Battista, geh, lauf: sie dürften vielleicht
nicht wissen, wo das Fräulein ist. Sie dürften sie vielleicht
in einem von den Wirtschaftshäusern des Gartens suchen.
Bringe Sie unverzüglich hierher. (Battista geht ab.)

Emilia. Gewiß? Sind sie alle geborgen? ist ihnen
260 nichts widerfahren? — Ah, was ist dieser Tag für ein

Tag des Schreckens für mich)! — Aber ich sollte nicht hier bleiben; ich sollte ihnen entgegeneilen —

Marinelli. Wozu das, gnädiges Fräulein? Sie sind ohnedem schon ohne Atem und Kräfte. Erholen Sie sich vielmehr und geruhen in ein Zimmer zu treten, wo mehr 265 Bequemlichkeit ist. — Ich will wetten, daß der Prinz schon selbst um Ihre teure ehrwürdige Mutter ist und sie Ihnen zuführet.

Emilia. Wer, sagen Sie?

Marinelli. Unser gnädigster Prinz selbst.   270

Emilia (äußerst bestürzt). Der Prinz?

Marinelli. Er floh auf die erste Nachricht Ihnen zu= hilfe. — Er ist höchst ergrimmt, daß ein solches Verbrechen ihm so nahe, unter seinen Augen gleichsam, hat dürfen gewagt werden. Er läßt den Thätern nachsetzen, und ihre 275 Strafe, wenn sie ergriffen werden, wird unerhört sein.

Emilia. Der Prinz! — Wo bin ich denn also?

Marinelli. Auf Dosalo, dem Lustschlosse des Prinzen.

Emilia. Welch ein Zufall! — Und Sie glauben, daß er gleich selbst erscheinen könne? — Aber doch in 280 Gesellschaft meiner Mutter?

Marinelli. Hier ist er schon.

Fünfter Auftritt.

Der Prinz. Emilia. Marinelli.

Der Prinz. Wo ist sie? wo? — Wir suchen Sie 285 überall, schönstes Fräulein. — Sie sind doch wohl? — Nun so ist alles wohl! Der Graf, Ihre Mutter, —

Emilia. Ah, gnädigster Herr! wo sind sie? Wo ist meine Mutter?

Der Prinz. Nicht weit; hier ganz in der Nähe.   290

Emilia. Gott, in welchem Zustande werde ich die eine oder den andern vielleicht treffen! Ganz gewiß treffen!

— Denn Sie verhehlen mir, gnädiger Herr — ich seh'
es, Sie verhehlen mir —

295   **Der Prinz.** Nicht doch, bestes Fräulein. — Geben Sie
mir Ihren Arm, und folgen Sie mir getrost.

Emilia (unentschlossen). Aber — wenn ihnen nichts wider=
fahren — wenn meine Ahnungen mich trügen: — warum
sind sie nicht schon hier? Warum kamen sie nicht mit Ihnen,
300 gnädiger Herr?

Der Prinz. So eilen Sie doch, mein Fräulein, alle
diese Schreckenbilder mit eins verschwinden zu sehen. —

Emilia. Was soll ich thun? (Die Hände ringend.)

Der Prinz. Wie, mein Fräulein? Sollten Sie einen
305 Verdacht gegen mich hegen?

Emilia (die vor ihm niederfällt). Zu Ihren Füßen, gnädiger
Herr —

Der Prinz (sie aufhebend). Ich bin äußerst beschämt. —
Ja, Emilia, ich verdiene diesen stummen Vorwurf. — Mein
310 Betragen diesen Morgen ist nicht zu rechtfertigen, — zu
entschuldigen höchstens. Verzeihen Sie meiner Schwachheit.
Ich hätte Sie mit keinem Geständnisse beunruhigen sollen,
von dem ich keinen Vorteil zu erwarten habe. Auch ward
ich durch die sprachlose Bestürzung, mit der Sie es anhörten
315 oder vielmehr nicht anhörten, genugsam bestraft. — — Und
könnt' ich schon diesen Zufall, der mir nochmals, ehe alle meine
Hoffnung auf ewig verschwindet, — mir nochmals das Glück,
Sie zu sehen und zu sprechen, verschafft, könnt' ich schon diesen
Zufall für den Wink eines günstigen Glückes erklären, — für
320 den wunderbarsten Aufschub meiner endlichen Verurteilung er=
klären, um nochmals um Gnade flehen zu dürfen: so will
ich doch — beben Sie nicht, mein Fräulein — einzig und
allein von Ihrem Blicke abhangen. Kein Wort, kein Seufzer
soll Sie beleidigen. — Nur kränke mich nicht Ihr Mißtrauen.
325 Nur zweifeln Sie keinen Augenblick an der unumschränktesten
Gewalt, die Sie über mich haben. Nur falle Ihnen nie

---

310) Beachte, wie der Prinz in seiner Rede teils einlenkt und
sich entschuldigt, teils wieder vorgeht und seine Liebe von neuem erklärt!

bei, daß Sie eines andern Schutzes gegen mich bedürfen.
— Und nun kommen Sie, mein Fräulein, — kommen Sie
wo Entzückungen auf Sie warten, die Sie mehr billigen.
(Er führt sie, nicht ohne Sträuben, ab.) Folgen Sie uns, Marinelli.— 330

Marinelli. Folgen Sie uns, — das mag heißen:
folgen Sie uns nicht! — Was hätte ich ihnen auch zu
folgen? Er mag sehen, wie weit er es unter vier Augen
mit ihr bringt. — Alles, was ich zu thun habe, ist, —
zu verhindern, daß sie nicht gestöret werden. Von dem 335
Grafen zwar, hoffe ich nun wohl nicht. Aber von der
Mutter; von der Mutter! Es sollte mich sehr wundern,
wenn die so ruhig abgezogen wäre und ihre Tochter im
Stiche gelassen hätte. — Nun, Battista? was gibt's?

Sechster Auftritt.   340

Battista. Marinelli.

Battista (eiligst). Die Mutter, Herr Kammerherr —
Marinelli. Dacht' ich's doch! — Wo ist sie?
Battista. Wenn Sie ihr nicht zuvorkommen, so wird
sie den Augenblick hier sein. — Ich war gar nicht willens, 345
wie Sie mir zum Schein geboten, mich nach ihr umzu=
sehen, als ich ihr Geschrei von weitem hörte. Sie ist der
Tochter auf der Spur, und wo nur nicht — unserm ganzen
Anschlage! Alles, was in dieser einsamen Gegend von
Menschen ist, hat sich um sie versammelt, und jeder will 350
der sein, der ihr den Weg weiset. Ob man ihr schon ge=
sagt, daß der Prinz hier ist, daß Sie hier sind, weiß ich
nicht. — Was wollen Sie thun?
Marinelli. Laß sehen! — (Er überlegt.) Sie nicht ein=
lassen, wenn sie weiß, daß die Tochter hier ist? — Das 355
geht nicht. — Freilich, sie wird Augen machen, wenn sie
den Wolf bei dem Schäfchen sieht. — Augen? Das möchte
noch sein. Aber der Himmel sei unsern Ohren gnädig! —
— Nun was? die beste Lunge erschöpft sich, auch sogar

360 eine weibliche. Sie hören alle auf zu schreien, wenn sie
nicht mehr können. — Dazu, es ist doch einmal die Mutter,
die wir auf unserer Seite haben müssen. — Wenn ich die
Mütter recht kenne: — so etwas von einer Schwieger=
mutter eines Prinzen zu sein, schmeichelt die meisten. —
365 Laß sie kommen, Battista, laß sie kommen!
     Battista. Hören Sie! hören Sie!
     Claudia Galotti (innerhalb). Emilia! Emilia! Mein Kind,
wo bist du?
     Marinelli. Geh, Battista, und suche nur ihre neu=
370 gierigen Begleiter zu entfernen.

Siebenter Auftritt.

Claudia Galotti. Battista. Marinelli.

Claudia (die in die Thüre tritt, indem Battista herausgehen will).
Ha! der hob sie aus dem Wagen! Der führte sie fort!
375 Ich erkenne dich. Wo ist sie? Sprich, Unglücklicher!
     Battista. Das ist mein Dank?
     Claudia. O, wenn du Dank verdienest: (in einem gelinden
Tone) — so verzeihe mir, ehrlicher Mann! — Wo ist sie?
— Laßt mich sie nicht länger entbehren. Wo ist sie?
380   **Battista.** O, Ihre Gnaden, sie könnte in dem Schoße
der Seligkeit nicht aufgehobner sein. — Hier mein Herr
wird Ihre Gnaden zu ihr führen. (Gegen einige Leute, welche nach=
dringen wollen.) Zurück da! ihr!

Achter Auftritt.

385   **Claudia Galotti. Marinelli.**

Claudia. Dein Herr? — (Erblickt den Marinelli und fährt
zurück.) Ha! — Das dein Herr? — Sie hier, mein Herr?
Und hier meine Tochter? Und Sie, Sie sollen mich zu
ihr führen?
390   **Marinelli.** Mit vielem Vergnügen, gnädige Frau.

Claudia. Halten Sie! — Eben fällt mir es bei — Sie waren es ja — nicht? — der den Grafen diesen Morgen in meinem Hause auffuchte? mit dem ich ihn allein ließ? mit dem er Streit bekam?

Marinelli. Streit? — Was ich nicht wüßte: ein un-395 bedeutender Wortwechsel in herrschaftlichen Angelegenheiten —

Claudia. Und Marinelli heißen Sie?

Marinelli. Marchefe Marinelli.

Claudia. So ist es richtig. — Hören Sie doch, Herr Marchefe. — Marinelli war — der Name Marinelli war 400 — begleitet mit einer Verwünschung — Nein, daß ich den edeln Mann nicht verleumde! — begleitet mit keiner Verwünschung — Die Verwünschung denk' ich hinzu — Der Name Marinelli war das letzte Wort des sterbenden Grafen.

Marinelli. Des sterbenden Grafen? Grafen Appiani? 405 — Sie hören, gnädige Frau, was mir in Ihrer seltsamen Rede am meisten auffällt. — Des sterbenden Grafen? — Was Sie sonst sagen wollen, versteh' ich nicht.

Claudia (bitter und langsam). Der Name Marinelli war das letzte Wort des sterbenden Grafen! — Verstehen Sie nun? 410 — Ich verstand es erst auch nicht: obschon mit einem Tone gesprochen — mit einem Tone! — Ich höre ihn noch! Wo waren meine Sinne, daß sie diesen Ton nicht sogleich verstanden?

Marinelli. Nun, gnädige Frau? — Ich war von 415 jeher des Grafen Freund; sein vertrautester Freund. Also, wenn er mich noch im Sterben nannte —

Claudia. Mit dem Tone? — Ich kann ihn nicht nachmachen; ich kann ihn nicht beschreiben: aber er enthielt alles! alles! — Was? Räuber wären es gewesen, die 420 uns anfielen? — Mörder waren es; erkaufte Mörder! — Und Marinelli, Marinelli war das letzte Wort des sterbenden Grafen! Mit einem Tone!

Marinelli. Mit einem Tone? — Ist es erhört, auf einen Ton, in einem Augenblicke des Schreckens vernommen, 425 die Anklage eines rechtschaffnen Mannes zu gründen?

5*

Claudia. Ha, könnt' ich ihn nur vor Gerichte stellen, diesen Ton! — Doch weh' mir! Ich vergesse darüber meine Tochter. — Wo ist sie? — Wie? auch tot? — Was konnte
430 meine Tochter dafür, daß Appiani dein Feind war?

Marinelli. Ich verzeihe der bangen Mutter. — Kommen Sie, gnädige Frau — Ihre Tochter ist hier, in einem von den nächsten Zimmern, und hat sich hoffentlich von ihrem Schrecken schon völlig erholt. Mit der zärt-
435 lichsten Sorgfalt ist der Prinz selbst um sie beschäftiget. —

Claudia. Wer? — Wer selbst?

Marinelli. Der Prinz.

Claudia. Der Prinz? — Sagen Sie wirklich der Prinz? — Unser Prinz?

440 **Marinelli.** Welcher sonst?

Claudia. Nun dann! — Ich unglückselige Mutter! — Und ihr Vater! ihr Vater! — Er wird den Tag ihrer Geburt verfluchen. Er wird mich verfluchen.

Marinelli. Um des Himmels willen, gnädige Frau!
445 Was fällt Ihnen nun ein?

Claudia. Es ist klar! — Ist es nicht? — Heute, im Tempel! vor den Augen der Allerreinesten! in der nähern Gegenwart des Ewigen! — begann das Bubenstück; da brach es aus! (Gegen den Marinelli.) Ha, Mörder! feiger, elender
450 Mörder! Nicht tapfer genug, mit eigner Hand zu morden, aber nichtswürdig genug, zu Befriedigung eines fremden Kitzels zu morden! — morden zu lassen! — Abschaum aller Mörder! — Was ehrliche Mörder sind, werden dich unter sich nicht dulden! Dich! Dich! — Denn warum soll ich dir nicht
455 alle meine Galle, allen meinen Geifer mit einem einzigen Worte ins Gesicht speien? — Dich! Dich Kuppler!

Marinelli. Sie schwärmen, gute Frau. — Aber mäßigen Sie wenigstens Ihr wildes Geschrei und bedenken Sie, wo Sie sind.

460 **Claudia.** Wo ich bin? Bedenken, wo ich bin? — Was

---

443) „Er wird mich verfluchen." Vgl. II, 4. Auftr. (Erziehung in der Stadt, Veggghia).

kümmert es die Löwin, der man die Jungen geraubet, in
wessen Walde sie brüllet?

Emilia (innerhalb.) Ha, meine Mutter! Ich höre meine
Mutter!

Claudia. Ihre Stimme? Das ist sie! Sie hat mich 465
gehört; sie hat mich gehört. Und ich sollte nicht schreien?
— Wo bist du, mein Kind? Ich komme, ich komme! (Sie
stürzt in das Zimmer und Marinelli ihr nach.)

Vierter Aufzug.

Die Scene bleibt.

Erster Auftritt.

Der Prinz. Marinelli.

Der Prinz (als aus dem Zimmer von Emilien kommend). Kommen 5
Sie, Marinelli! Ich muß mich erholen — und muß Licht
von Ihnen haben.

Marinelli. O der mütterlichen Wut! Ha! ha! ha!

Der Prinz. Sie lachen?

Marinelli. Wenn Sie gesehen hätten, Prinz, wie toll 10
sich hier, hier im Saale die Mutter geberdete — Sie
hörten sie ja wohl schreien! — und wie zahm sie auf
einmal ward bei dem ersten Anblicke von Ihnen — —
Ha! ha! — Das weiß ich ja wohl, daß keine Mutter
einem Prinzen die Augen auskratzt, weil er ihre Tochter 15
schön findet.

Der Prinz. Sie sind ein schlechter Beobachter! — Die
Tochter stürzte der Mutter ohnmächtig in die Arme.
Darüber vergaß die Mutter ihre Wut, nicht über mir.
Ihre Tochter schonte sie, nicht mich, wenn sie es nicht lauter, 20
nicht deutlicher sagte, — was ich lieber selbst nicht gehört,
nicht verstanden haben will.

Marinelli. Was, gnädiger Herr?

Der Prinz. Wozu die Verstellung? — Heraus damit.
25 Ist es wahr? oder ist es nicht wahr?

Marinelli. Und wenn es denn wäre!

Der Prinz. Wenn es denn wäre? — Also ist es?
— Er ist tot? tot? — (Drohend.) Marinelli! Marinelli!

Marinelli. Nun?

30   **Der Prinz.** Bei Gott! bei dem allgerechten Gott! ich
bin unschuldig an diesem Blute. — Wenn Sie mir vorher
gesagt hätten, daß es dem Grafen das Leben kosten werde
— Nein, nein! und wenn es mir selbst das Leben gekostet
hätte! —

35   **Marinelli.** Wenn ich Ihnen vorher gesagt hätte? —
Als ob sein Tod in meinem Plane gewesen wäre! Ich
hatte es dem Angelo auf die Seele gebunden, zu verhüten,
daß niemanden Leides geschähe. Es würde auch ohne die
geringste Gewaltthätigkeit abgelaufen sein, wenn sich der
40 Graf nicht die erste erlaubt hätte. Er schoß Knall und
Fall den einen nieder.

Der Prinz. Wahrlich, er hätte sollen Spaß verstehen!

Marinelli. Daß Angelo sodann in Wut kam und den
Tod seines Gefährten rächte —

45   **Der Prinz.** Freilich, das ist sehr natürlich!

Marinelli. Ich hab' es ihm genug verwiesen.

Der Prinz. Verwiesen? Wie freundschaftlich! — Warnen
Sie ihn, daß er sich in meinem Gebiete nicht betreten läßt.
Mein Verweis möchte so freundschaftlich nicht sein.

50   **Marinelli.** Recht wohl! — Ich und Angelo; Vorsatz und
Zufall: alles ist eins. — Zwar ward es voraus bedungen,
zwar ward es voraus versprochen, daß keiner der Unglücks=
fälle, die sich dabei ereignen könnten, mir zu schulden kommen
solle —

55   **Der Prinz.** Die sich dabei ereignen — könnten, sagen
Sie? oder sollten?

Marinelli. Immer besser! — Doch, gnädiger Herr,
— ehe Sie es mit dem trocknen Worte sagen, wofür Sie

mich halten — eine einzige Vorstellung! Der Tod des Grafen ist mir nichts weniger als gleichgültig. Ich hatte 60 ihn ausgefordert; er war mir Genugthuung schuldig; er ist ohne diese aus der Welt gegangen, und meine Ehre bleibt beleidiget. Gesetzt, ich verdiente unter jeden andern Umständen den Verdacht, den Sie gegen mich hegen: aber auch unter diesen? — (Mit einer angenommenen Hitze.) Wer das 65 von mir denken kann! —

Der Prinz (nachgebend). Nun gut, nun gut —

Marinelli. Daß er noch lebte! O, daß er noch lebte! Alles, alles in der Welt wollte ich darum geben — (bitter) selbst die Gnade meines Prinzen, — diese unschätzbare, 70 nie zu verscherzende Gnade — wollt' ich drum geben!

Der Prinz. Ich verstehe. — Nun gut, nun gut. Sein Tod war Zufall, bloßer Zufall. Sie versichern es, und ich, ich glaub' es. — Aber wer mehr? Auch die Mutter? Auch Emilia? — Auch die Welt? 75

Marinelli (kalt). Schwerlich.

Der Prinz. Und wenn man es nicht glaubt, was wird man denn glauben? — Sie zucken die Achsel? — Ihren Angelo wird man für das Werkzeug und mich für den Thäter halten — 80

Marinelli (noch kälter). Wahrscheinlich genug.

Der Prinz. Mich! mich selbst! — Oder ich muß von Stund' an alle Absicht auf Emilien aufgeben —

Marinelli (höchst gleichgültig). Was Sie auch gemußt hätten — wenn der Graf noch lebte. — 85

Der Prinz (heftig, aber gleich wieder sich fassend). Marinelli! — Doch, Sie sollen mich nicht wild machen. — Es sei so — Es ist so! Und das wollen Sie doch nur sagen: der Tod des Grafen ist für mich ein Glück — das größte Glück, was mir begegnen konnte, — das einzige Glück, was meiner 90 Liebe zu statten kommen konnte. Und als dieses — mag er doch geschehen sein, wie er will! — Ein Graf mehr in

---

91) „Und als dieses —" ergänze: kommt er in Betracht.

der Welt oder weniger! Denke ich Ihnen so recht? —
Topp! auch ich erschrecke vor einem kleinen Verbrechen nicht.
95 Nur, guter Freund, muß es ein kleines stilles Verbrechen,
ein kleines heilsames Verbrechen sein. Und sehen Sie,
unseres da wäre nun gerade weder stille noch heilsam. Es
hätte den Weg zwar gereiniget, aber zugleich gesperrt.
Jedermann würde es uns auf den Kopf zusagen, — und
100 leider hätten wir es gar nicht einmal begangen! — Das
liegt doch wohl nur bloß an Ihren weisen, wunderbaren
Anstalten?

    Marinelli. Wenn Sie so befehlen —

    Der Prinz. Woran sonst? — Ich will Rede!

105   **Marinelli.** Es kommt mehr auf meine Rechnung, was
nicht darauf gehört.

    Der Prinz. Rede will ich!

    Marinelli. Nun dann! Was läge an meinen An=
stalten? daß den Prinzen bei diesem Unfalle ein so sicht=
110 barer Verdacht trifft? — An dem Meisterstreiche liegt das,
den er selbst meinen Anstalten mit einzumengen die Gnade
hatte.

    Der Prinz. Ich?

    Marinelli. Er erlaube mir, ihm zu sagen, daß der
115 Schritt, den er heute Morgen in der Kirche gethan, —
mit so vielem Anstande er ihn auch gethan — so unver=
meidlich er ihn auch thun mußte — daß dieser Schritt
dennoch nicht in den Tanz gehörte.

    Der Prinz. Was verdarb er denn auch?

---

    97) „Unseres da wäre weder stille noch heilsam", nämlich wenn
wir den Mord nach diesem Grundsatz beurteilen wollten. Auch das
folgende bedingte „hätte", „würde" ist so zu fassen, während zu dem
ironischen: „Leider hätten wir es gar nicht einmal begangen" zu
ergänzen ist: Obgleich wir durch die Umstände notwendig als die
Mörder erschienen.

    99) „Auf den Kopf" = gerade ins Gesicht, geradezu, mit aller
Bestimmtheit, eigentl. so daß es uns betäubend trifft, wie ein Hieb.

    109) „Was läge an meinen Anstalten u. s. w.", betone „was"
und „meinen".

Marinelli. Freilich nicht den ganzen Tanz, aber doch 120 vor itzo den Takt.

Der Prinz. Hm! Versteh' ich Sie?

Marinelli. Also, kurz und einfältig. Da ich die Sache übernahm, nicht wahr, da wußte Emilia von der Liebe des Prinzen noch nichts? Emiliens Mutter noch weniger. Wenn 125 ich nun auf diesen Umstand baute? und der Prinz indes den Grund meines Gebäudes untergrub? —

Der Prinz (sich vor die Stirne schlagend). Verwünscht!

Marinelli. Wenn er es nun selbst verriet, was er im Schilde führe?   130

Der Prinz. Verdammter Einfall!

Marinelli. Und wenn er es nicht selbst verraten hätte? — Traun! Ich möchte doch wissen, aus welcher meiner Anstalten Mutter oder Tochter den geringsten Argwohn gegen ihn schöpfen könnte?   135

Der Prinz. Daß Sie recht haben!

Marinelli. Daran thu' ich freilich sehr unrecht — Sie werden verzeihen, gnädiger Herr —

Zweiter Auftritt.

Battista. Der Prinz. Marinelli.   140

Battista (eiligst.) Eben kömmt die Gräfin an.

Der Prinz. Die Gräfin? Was für eine Gräfin?

Battista. Orsina.

Der Prinz. Orsina? — Marinelli! — Orsina? — Marinelli!   145

Marinelli. Ich erstaune darüber nicht weniger als Sie selbst.

Der Prinz. Geh, lauf, Battista: sie soll nicht aussteigen. Ich bin nicht hier. Ich bin für sie nicht hier.

---

123) „Einfältig", in ursprünglicher Bedeutung = einfach.

150 Sie soll augenblicklich wieder umkehren. Geh, lauf! —
(Battista geht ab.) Was will die Närrin? Was untersteht sie
sich? Wie weiß sie, daß wir hier sind? Sollte sie wohl
auf Kundschaft kommen? Sollte sie wohl schon etwas ver=
nommen haben? — Ah, Marinelli! So reden Sie, so
155 antworten Sie doch! — Ist er beleidiget, der Mann, der
mein Freund sein will? Und durch einen elenden Wort=
wechsel beleidiget? Soll ich ihn um Verzeihung bitten?
Marinelli. Ah, mein Prinz, sobald Sie wieder Sie
sind, bin ich mit ganzer Seele wieder der Ihrige! — Die
160 Ankunft der Orsina ist mir ein Rätsel, wie Ihnen. Doch
abweisen wird sie schwerlich sich lassen. Was wollen Sie thun?
Der Prinz. Sie durchaus nicht sprechen, mich ent=
fernen —
Marinelli. Wohl! und nur geschwind. Ich will sie
165 empfangen —
Der Prinz. Aber bloß, um sie gehen zu heißen. —
Weiter geben Sie mit ihr sich nicht ab. Wir haben andere
Dinge hier zu thun —
Marinelli. Nicht doch, Prinz! Diese andern Dinge sind
170 gethan. Fassen Sie doch Mut! Was noch fehlt, kömmt
sicherlich von selbst. — Aber hör' ich sie nicht schon? —
Eilen Sie, Prinz! — Da (auf ein Kabinett zeigend, in welches sich
der Prinz begibt), wenn Sie wollen, werden Sie uns hören
können. — Ich fürchte, ich fürchte, sie ist nicht zu ihrer
175 besten Stunde ausgefahren.

Dritter Auftritt.

Die Gräfin Orsina. Marinelli.

Orsina (ohne den Marinelli anfangs zu erblicken). Was ist das?
— Niemand kömmt mir entgegen, außer ein Unverschämter,
180 der mir lieber gar den Eintritt verweigert hätte? — Ich

---

175) „Nicht zu ihrer besten Stunde". Tragische Ironie.

bin doch zu Dosalo? Zu dem Dosalo, wo mir sonst ein
ganzes Heer geschäftiger Augendiener entgegenstürzte? wo
mich sonst Lieb' und Entzücken erwarteten? — Der Ort
ist es: Aber, aber! — Sieh da, Marinelli! — Recht gut,
daß der Prinz Sie mitgenommen. — Nein, nicht gut! 185
Was ich mit ihm auszumachen hätte, hätte ich nur mit
ihm auszumachen. — Wo ist er?

Marinelli. Der Prinz, meine gnädige Gräfin?

Orsina. Wer sonst?

Marinelli. Sie vermuten ihn also hier? wissen ihn 190
hier? — Er wenigstens ist die Gräfin Orsina hier nicht
vermutend.

Orsina. Nicht? So hat er meinen Brief heute Morgen
nicht erhalten?

Marinelli. Ihren Brief? Doch ja; ich erinnere mich, 195
daß er eines Briefes von Ihnen erwähnte.

Orsina. Nun? habe ich ihn nicht in diesem Briefe
auf heute um eine Zusammenkunft hier auf Dosalo gebeten?
— Es ist wahr, es hat ihm nicht beliebet, mir schriftlich
zu antworten. Aber ich erfuhr, daß er eine Stunde darauf 200
wirklich nach Dosalo abgefahren. Ich glaubte, das sei
Antworts genug, und ich komme.

Marinelli. Ein sonderbarer Zufall!

Orsina. Zufall? — Sie hören ja, daß es verabredet
worden. So gut als verabredet. Von meiner Seite der 205
Brief, von seiner die That. — Wie er da steht, der Herr
Marchese! Was er für Augen macht! Wundert sich das
Gehirnchen? und worüber denn?

Marinelli. Sie schienen gestern so weit entfernt, dem
Prinzen jemals wieder vor die Augen zu kommen.   210

Orsina. Beßrer Rat kömmt über Nacht. — Wo ist
er? wo ist er? — Was gilt's, er ist in dem Zimmer,

---

181) „Zu Dosalo" = wir würden sagen: in Dosalo.
202) „Antworts genug", starke Form, da man früher auch (so
Luther meist) „das Antwort" sagte.

wo ich das Gequicke, das Gekreische hörte? — Ich wollte herein, und der Schurke vom Bedienten trat vor.

215 **Marinelli.** Meine liebste, beste Gräfin —

Orsina. Es war ein weibliches Gekreische. Was gilt's, Marinelli? — O sagen Sie mir doch, sagen Sie mir — wenn ich anders Ihre liebste, beste Gräfin bin — Verdammt, über das Hofgeschmeiß! So viel Worte, so viel Lügen! 220 — Nun, was liegt daran, ob Sie mir es voraus sagen oder nicht? Ich werd' es ja wohl sehen. (Will gehen.)

Marinelli (der sie zurückhält). Wohin?

Orsina. Wo ich längst sein sollte. — Denken Sie, daß es schicklich ist, mit Ihnen hier in dem Vorgemache 225 einen elenden Schnickschnack zu halten, indes der Prinz in dem Gemache auf mich wartet?

Marinelli. Sie irren sich, gnädige Gräfin. Der Prinz erwartet Sie nicht. Der Prinz kann Sie hier nicht sprechen, — will Sie nicht sprechen.

230 **Orsina.** Und wäre doch hier? und wäre doch auf meinen Brief hier?

Marinelli. Nicht auf Ihren Brief —

Orsina. Den er ja erhalten, sagen Sie —

Marinelli. Erhalten, aber nicht gelesen.

235 **Orsina** (heftig). Nicht gelesen? — (minder heftig.) Nicht gelesen? — (Wehmütig und eine Thräne aus dem Auge wischend.) Nicht einmal gelesen?

Marinelli. Aus Zerstreuung, weiß ich. — Nicht aus Verachtung.

240 **Orsina** (stolz). Verachtung? — Wer denkt daran? — Wem brauchen Sie das zu sagen? — Sie sind ein unverschämter Tröster, Marinelli! — Verachtung! Verachtung! Mich verachtet man auch! mich! — (Gelinder, bis zum Tone der Schwermut.) Freilich liebt er mich nicht mehr. Das ist aus-245 gemacht. Und an die Stelle der Liebe trat in seiner Seele

---

225) „Schnickschnack", gebildet wie Zickzack, Mischmasch, von Schnack = leeres Gerede.

etwas anders. Das ist natürlich. Aber warum denn eben
Verachtung? Es braucht ja nur Gleichgültigkeit zu sein.
Nicht wahr Marinelli?

Marinelli. Allerdings, allerdings.

Orsina (höhnisch). Allerdings? — O des weisen Mannes, 250
den man sagen lassen kann, was man will! — Gleich=
gültigkeit! Gleichgültigkeit an die Stelle der Liebe? —
Das heißt, nichts an die Stelle von etwas. Denn lernen
Sie, nachplauderndes Hofmännchen, lernen Sie von einem
Weibe, daß Gleichgültigkeit ein leeres Wort, ein bloßer 255
Schall ist, dem nichts, gar nichts entspricht. Gleichgültig
ist die Seele nur gegen das, woran sie nicht denkt: nur gegen
ein Ding, das für sie kein Ding ist. Und nur gleichgültig
für ein Ding, das kein Ding ist, — das ist so viel als
gar nicht gleichgültig. — Ist dir das zu hoch, Mensch? 260

Marinelli (vor sich). O weh! wie wahr ist es, was ich
fürchtete.

Orsina. Was murmeln Sie da?

Marinelli. Lauter Bewunderung! — Und wem ist es
nicht bekannt, gnädige Gräfin, daß Sie eine Philosophin sind? 265

Orsina. Nicht wahr? — Ja, ja, ich bin eine. — Aber
habe ich mir es itzt merken lassen, daß ich eine bin? —
O pfui, wenn ich mir es habe merken lassen, und wenn
ich mir es öfterer habe merken lassen! Ist es wohl noch
Wunder, wenn mich der Prinz verachtet? Wie kann ein 270
Mann ein Ding lieben, das, ihm zum Trotze, auch denken
will? Ein Frauenzimmer, das denket, ist ebenso ekel, als
ein Mann, der sich schminket. Lachen soll es, nichts als
lachen, um immerdar den gestrengen Herrn der Schöpfung
bei guter Laune zu erhalten. — Nun, worüber lach' ich 275
denn gleich, Marinelli? — Ach, ja wohl! Über den Zufall!
daß ich dem Prinzen schreibe, er soll nach Dosalo kommen;
daß der Prinz meinen Brief nicht lieset, und daß er doch

---

270) „Ist es wohl noch Wunder", wir: ein Wunder oder zu
verwundern.

nach Dosalo kömmt. Ha! ha! ha! Wahrlich, ein sonder=
280 barer Zufall! Sehr lustig, sehr närrisch! — Und Sie lachen
nicht mit, Marinelli! — Mitlachen kann ja wohl der ge=
strenge Herr der Schöpfung, ob wir arme Geschöpfe gleich
nicht mitdenken dürfen. — (Ernsthaft und befehlend.) So lachen
Sie doch!

285   **Marinelli.** Gleich, gnädige Gräfin, gleich!

Orsina. Stock! Und darüber geht der Augenblick vor=
bei. Nein, nein, lachen Sie nur nicht. — Denn sehen
Sie, Marinelli, (nachdenkend bis zur Rührung) was mich so herz=
lich zu lachen macht, das hat auch seine ernsthafte — sehr
290 ernsthafte Seite. Wie alles in der Welt! — Zufall? Ein
Zufall wär' es, daß der Prinz nicht daran gedacht, mich
hier zu sprechen, und mich doch hier sprechen muß? Ein
Zufall? — Glauben Sie mir, Marinelli: Das Wort Zu=
fall ist Gotteslästerung. Nichts unter der Sonne ist Zu=
295 fall; — am wenigsten das, wovon die Absicht so klar in
die Augen leuchtet. — Allmächtige, allgütige Vorsicht, ver=
gib mir, daß ich mit diesem albernen Sünder einen Zufall
genennet habe, was so offenbar dein Werk, wohl gar dein
unmittelbares Werk ist! — (Hastig gegen Marinelli.) Kommen
Sie mir, und verleiten Sie mich noch einmal zu so einem
Frevel!

Marinelli (vor sich). Das geht weit! — Aber, gnädige
Gräfin —

Orsina, Still mit dem Aber! Die Aber kosten Über=
305 legung; — und mein Kopf! mein Kopf! (Sich mit der Hand die
Stirne haltend.) — Machen Sie, Marinelli, machen Sie,
daß ich ihn bald spreche, den Prinzen; sonst bin ich es wohl
gar nicht imstande. — Sie sehen, wir sollen uns sprechen;
wir müssen uns sprechen ——

---

289) „Zu lachen macht", wir: lachen macht, ohne „zu".

Vierter Auftritt.   310

Der Prinz. Orsina. Marinelli.

Der Prinz (indem er aus dem Kabinette tritt, vor sich). Ich muß
ihm zu Hilfe kommen —

Orsina (die ihn erblickt, aber unentschlüssig bleibt, ob sie auf ihn zu=
gehen soll). Ha! da ist er.   315

Der Prinz (geht quer über den Saal, bei ihr vorbei, nach den andern
Zimmern, ohne sich im Reden aufzuhalten). Sieh da! unsere schöne
Gräfin. — Wie sehr bedauere ich, Madame, daß ich mir
die Ehre Ihres Besuchs für heute so wenig zu nutze
machen kann! Ich bin beschäftiget. Ich bin nicht allein. 320
— Ein andermal, meine liebe Gräfin! Ein andermal. —
Itzt halten Sie länger sich nicht auf. Ja nicht länger!
— Und Sie, Marinelli, ich erwarte Sie. —

Fünfter Auftritt.

Orsina. Marinelli.   325

Marinelli. Haben Sie es, gnädige Gräfin, nun von
ihm selbst gehört, was Sie mir nicht glauben wollen?
Orsina (wie betäubt). Hab' ich? hab' ich wirklich?
Marinelli. Wirklich.
Orsina (mit Rührung). „Ich bin beschäftiget. Ich bin 330
nicht allein." Ist das die Entschuldigung ganz, die ich
wert bin? Wen weiset man damit nicht ab? Jeden Über=
lästigen, jeden Bettler. Für mich keine einzige Lüge mehr?
Keine einzige kleine Lüge mehr für mich? — Beschäftiget?
womit denn? Nicht allein? wer wäre denn bei ihm? — 335
Kommen Sie, Marinelli; aus Barmherzigkeit, lieber Ma=
rinelli! Lügen Sie mir eines auf eigene Rechnung vor.
Was kostet Ihnen denn eine Lüge? — Was hat er zu

---

314) „Unentschlüssig", Vermischung von unentschlossen und un=
schlüssig.

thun? Wer ist bei ihm? — Sagen Sie mir; sagen Sie mir,
340 was Ihnen zuerst in den Mund kömmt, — und ich gehe.

Marinelli (vor sich). Mit dieser Bedingung kann ich ihr
ja wohl einen Teil der Wahrheit sagen.

Orsina. Nun? Geschwind, Marinelli, und ich gehe. —
Er sagte ohnedem, der Prinz: „Ein andermal, meine liebe
345 Gräfin!" Sagte er nicht so? — Damit er mir Wort hält,
damit er keinen Vorwand hat, mir nicht Wort zu halten:
geschwind, Marinelli, Ihre Lüge, und ich gehe.

Marinelli. Der Prinz, liebe Gräfin, ist wahrlich
nicht allein. Es sind Personen bei ihm, von denen
350 er sich keinen Augenblick abmüßigen kann; Personen, die
eben einer großen Gefahr entgangen sind. Der Graf
Appiani —

Orsina. Wäre bei ihm? — Schade, daß ich über
diese Lüge Sie ertappen muß. Geschwind eine andere.
355 — Denn Graf Appiani, wenn Sie es noch nicht wissen,
ist eben von Räubern erschossen worden. Der Wagen mit
seinem Leichname begegnete mir kurz vor der Stadt. —
Oder ist er nicht? Hätte es mir bloß geträumet?

Marinelli. Leider nicht bloß geträumet! — Aber die
360 andern, die mit dem Grafen waren, haben sich glücklich
hierher nach dem Schlosse gerettet: seine Braut nämlich
und die Mutter der Braut, mit welchen er nach Sabionetta
zu seiner feierlichen Verbindung fahren wollte.

Orsina. Also die? Die sind bei dem Prinzen? die
365 Braut? und die Mutter der Braut? — Ist die Braut
schön?

Marinelli. Dem Prinzen geht ihr Unfall ungemein
nahe.

Orsina. Ich will hoffen, auch wenn sie häßlich wäre.
370 Denn ihr Schicksal ist schrecklich. — Armes, gutes Mäd=
chen, eben da er dein auf immer werden sollte, wird er
dir auf immer entrissen! — Wer ist sie denn, diese Braut?
Kenn' ich sie gar? — Ich bin so lange aus der Stadt,
daß ich von nichts weiß.

Marinelli. Es ist Emilia Galotti. 375

Orsina. Wer? — Emilia Galotti? Emilia Galotti? — Marinelli! daß ich diese Lüge nicht für Wahrheit nehme!

Marinelli. Wieso?

Orsina. Emilia Galotti?

Marinelli. Die Sie schwerlich kennen werden — 380

Orsina. Doch! doch! Wenn es auch nur von heute wäre. — Im Ernst, Marinelli? Emilia Galotti? — Emilia Galotti wäre die unglückliche Braut, die der Prinz tröstet?

Marinelli (vor sich). Sollte ich ihr schon zu viel gesagt haben? 385

Orsina. Und Graf Appiani war der Bräutigam dieser Braut? der eben erschossene Appiani?

Marinelli. Nicht anders.

Orsina. Bravo! o bravo! bravo! (In die Hände schlagend.)

Marinelli. Wie das? 390

Orsina. Küssen möcht' ich den Teufel, der ihn dazu verleitet hat!

Marinelli. Wen? verleitet? wozu?

Orsina. Ja, küssen, küssen möcht' ich ihn — Und wenn Sie selbst dieser Teufel wären, Marinelli. 395

Marinelli. Gräfin!

Orsina. Kommen Sie her! Sehen Sie mich an! steif an! Aug' in Auge!

Marinelli. Nun?

Orsina. Wissen Sie nicht, was ich denke? 400

Marinelli. Wie kann ich das?

Orsina. Haben Sie keinen Anteil daran?

Marinelli. Woran?

Orsina. Schwören Sie! — Nein, schwören Sie nicht. Sie möchten eine Sünde mehr begehen — Oder ja, schwören 405 Sie nur. Eine Sünde mehr oder weniger für einen, der doch verdammt ist! — Haben Sie keinen Anteil daran?

Marinelli. Sie erschrecken mich, Gräfin.

Orsina. Gewiß? — Nun, Marinelli, argwohnet Ihr gutes Herz auch nichts? 410

Marinell. Was? worüber?

Orsina. Wohl, — so will ich Ihnen etwas vertrauen; — etwas, das Ihnen jedes Haar auf dem Kopfe zu Berge sträuben soll. — Aber hier, so nahe an der Thüre, möchte
415 uns jemand hören. Kommen Sie hierher. — Und! (Indem sie den Finger auf den Mund legt) Hören Sie! ganz in geheim! ganz in geheim! (und ihren Mund seinem Ohre nähert, als ob sie ihm zuflüstern wollte, was sie aber sehr laut ihm zuschreiet.) Der Prinz ist ein Mörder!

Marinelli. Gräfin, — Gräfin — sind Sie ganz von
420 Sinnen?

Orsina. Von Sinnen? Ha! ha! ha! (Aus vollem Halse lachend.) Ich bin selten oder nie mit meinem Verstande so wohl zufrieden gewesen, als eben itzt. — Zuverlässig, Marinelli; — aber es bleibt unter uns — (leise) der Prinz
425 ist ein Mörder! des Grafen Appiani Mörder! — Den haben nicht Räuber, den haben Helfershelfer des Prinzen, den hat der Prinz umgebracht!

Marinelli. Wie kann Ihnen so eine Abscheulichkeit in den Mund, in die Gedanken kommen?

430 **Orsina.** Wie? — Ganz natürlich. — Mit dieser Emilia Galotti, die hier bei ihm ist, — deren Bräutigam so über Hals über Kopf sich aus der Welt trollen müssen, — mit dieser Emilia Galotti hat der Prinz heute Morgen in der Halle bei den Dominikanern ein Langes und Breites
435 gesprochen. Das weiß ich; das haben meine Kundschafter gesehen. Sie haben auch gehört, was er mit ihr gesprochen. — Nun, guter Herr? Bin ich von Sinnen? Ich reime, dächt' ich, doch noch so ziemlich zusammen, was zusammen gehört. — Oder trifft auch das nur so von ungefähr zu?
440 Ist Ihnen auch das Zufall? O, Marinelli, so verstehen Sie auf die Bosheit der Menschen sich ebenso schlecht als auf die Vorsicht.

---

417) „In geheim", ältere, noch von Goethe gebrauchte richtigere Form für insgeheim.

420) „Sind sie ganz von Sinnen?", Anknüpfung an eine frühere Bemerkung in I 6 (292—303).

Marinelli. Gräfin, Sie würden sich um den Hals reden —

Orsina. Wenn ich das mehrern sagte? — Desto besser, 445 desto besser! — Morgen will ich es auf dem Markte aus- rufen. — Und wer mir widerspricht — wer mir wider- spricht, der war des Mörders Spießgeselle. — Leben Sie wohl. (Indem sie fortgehen will, begegnet sie an der Thüre dem alten Galotti, der eiligst hereintritt.)   450

Sechster Auftritt.

Odoardo Galotti. Die Gräfin. Marinelli.

Odoardo Galotti. Verzeihen Sie, gnädige Frau —

Orsina. Ich habe hier nichts zu verzeihen. Denn ich habe hier nichts übel zu nehmen — An diesen Herrn wen- 455 den Sie sich. (Ihn nach dem Marinelli weisend.)

Marinelli (indem er ihn erblicket, vor sich). Nun vollends! der Alte! —

Odoardo. Vergeben Sie, mein Herr, einem Vater, der in der äußersten Bestürzung ist, — daß er so unangemeldet 460 hereintritt.

Orsina. Vater? (Kehrt wieder um). Der Emilia, ohne Zweifel. — Ha, willkommen!

Odoardo. Ein Bedienter kam mir entgegengesprengt, mit der Nachricht, daß hierherum die Meinigen in Gefahr 465 wären. Ich fliege herzu und höre, daß der Graf Appiani verwundet worden; daß er nach der Stadt zurückgekehret; daß meine Frau und Tochter sich in das Schloß gerettet. — Wo sind sie, mein Herr? wo sind sie?

Marinelli. Sein Sie ruhig, Herr Oberster. Ihrer 470 Gemahlin und Ihrer Tochter ist nichts Übels widerfahren, den Schreck ausgenommen. Sie befinden sich beide wohl. Der Prinz ist bei ihnen. Ich gehe sogleich, Sie zu melden.

---

464) „Ein Bedienter", nämlich Pirro. Vgl. II 116: „Du reitest vorauf. Reite doch, reite!"

Odoardo. Warum melden? erst melden?

475 **Marinelli.** Aus Ursachen — von wegen -- von wegen
des Prinzen. Sie wissen, Herr Oberster, wie Sie mit dem
Prinzen stehen. Nicht auf dem freundschaftlichsten Fuße.
So gnädig er sich gegen Ihre Gemahlin und Tochter be-
zeiget: — es sind Damen — wird darum auch Ihr un-
480 vermuteter Anblick ihm gelegen sein?

Odoardo. Sie haben recht, mein Herr, Sie haben recht.

Marinelli. Aber, gnädige Gräfin, — kann ich vorher
die Ehre haben, Sie nach Ihrem Wagen zu begleiten?

Orsina. Nicht doch, nicht doch.

485 **Marinelli** (sie bei der Hand nicht unsanft ergreifend). Erlauben Sie,
daß ich meine Schuldigkeit beobachte. —

Orsina. Nur gemach! — Ich erlasse Sie deren, mein
Herr! Daß doch immer Ihresgleichen Höflichkeit zur
Schuldigkeit machen, um, was eigentlich ihre Schuldigkeit
490 wäre, als die Nebensache betreiben zu dürfen! — Diesen
würdigen Mann je eher je lieber zu melden, das ist Ihre
Schuldigkeit.

Marinelli. Vergessen Sie, was Ihnen der Prinz selbst
befohlen?

495 **Orsina.** Er komme und befehle es mir noch einmal.
Ich erwarte ihn.

Marinelli (leise zu dem Obersten, den er beiseite zieht). Mein Herr,
ich muß Sie hier mit einer Dame lassen, die — der —
mit deren Verstande — Sie verstehen mich. Ich sage
500 Ihnen dieses, damit Sie wissen, was Sie auf ihre Reden
zu geben haben, — deren sie oft sehr seltsame führet. Am
besten, Sie lassen sich mit ihr nicht ins Wort.

Odoardo. Recht wohl. -- Eilen Sie nur, mein Herr.

---

487) „Ich erlasse Sie deren", jetzt ungewöhnlich für: Ich erlasse sie Ihnen. Vgl. franz. je vous en dispense.

Siebenter Auftritt.

Die Gräfin Orsina. Odoardo Galotti.   505

Orsina (nach einigem Stillschweigen, unter welchem sie den Obersten mit Mitleid betrachtet, sowie er sie mit einer flüchtigen Neugierde). Was er Ihnen auch da gesagt hat, unglücklicher Mann! —

Odoardo (halb vor sich, halb gegen sie). Unglücklicher?

Orsina. Eine Wahrheit war es gewiß nicht; — am 510 wenigsten eine von denen, die auf Sie warten.

Odoardo. Auf mich warten? — Weiß ich nicht schon genug? — Madame! — Aber, reden Sie nur, reden Sie nur.

Orsina. Sie wissen nichts.   515

Odoardo. Nichts?

Orsina. Guter, lieber Vater! — Was gäbe ich darum, wenn Sie auch mein Vater wären! — Verzeihen Sie! die Unglücklichen ketten sich so gern aneinander. — Ich wollte treulich Schmerz und Wut mit Ihnen teilen.   520

Odoardo. Schmerz und Wut? Madame! — Aber ich vergesse — Reden Sie nur.

Orsina. Wenn es gar Ihre einzige Tochter — Ihr einziges Kind wäre! — Zwar einzig oder nicht. Das unglückliche Kind ist immer das einzige.   525

Odoardo. Das unglückliche? — Madame! — Was will ich von ihr? — Doch, bei Gott, so spricht keine Wahnwitzige!

Orsina. Wahnwitzige? Das war es also, was er Ihnen von mir vertraute? — Nun, nun; es mag leicht keine von 530 seinen gröbsten Lügen sein. — Ich fühle so was! — Und glauben Sie, glauben Sie mir: wer über gewisse Dinge den Verstand nicht verlieret, der hat keinen zu verlieren. —

Odoardo. Was soll ich denken?

Orsina. Daß Sie mich also ja nicht verachten! — 535 Denn auch Sie haben Verstand, guter Alter, auch Sie. — Ich seh' es an dieser entschlossenen, ehrwürdigen Miene.

Auch Sie haben Verstand, und es kostet mich ein Wort,
— so haben Sie keinen.

540   Odoardo. Madame! — Madame! — Ich habe schon
keinen mehr, noch ehe Sie mir dieses Wort sagen, wenn
Sie mir es nicht bald sagen! — Sagen Sie es! sagen
Sie es! — Oder es ist nicht wahr, — es ist nicht wahr,
daß Sie von jener guten, unsers Mitleids, unserer Hoch=
545 achtung so würdigen Gattung der Wahnwitzigen sind —
Sie sind eine gemeine Thörin. Sie haben nicht, was Sie
nie hatten.

Orsina. So merken Sie auf! — Was wissen Sie,
der Sie schon genug wissen wollen? Daß Appiani ver=
550 wundet worden? Nur verwundet? — Appiani ist tot!

Odoardo. Tot? tot? — Ha, Frau, das ist wider die
Abrede. Sie wollten mich um den Verstand bringen, und
Sie brechen mir das Herz.

Orsina. Das beiher! — Nur weiter. — Der Bräutigam
555 ist tot, und die Braut—Ihre Tochter — schlimmer als tot.

Odoardo. Schlimmer! schlimmer als tot? — Aber
doch zugleich auch tot? — Denn ich kenne nur ein
Schlimmeres —

Orsina. Nicht zugleich auch tot. Nein, guter Vater,
560 nein! — Sie lebt, sie lebt. Sie wird nun erst recht an=
fangen zu leben. — Ein Leben voll Wonne! Das schönste,
lustigste Schlaraffenleben, — so lang es dauert.

Odoardo. Das Wort, Madame, das einzige Wort,
das mich um den Verstand bringen soll! heraus damit! —
565 Schütten Sie nicht Ihren Tropfen Gift in einen Eimer.
— Das einzige Wort! geschwind.

Orsina. Nun da; buchstabieren Sie es zusammen! —
Des Morgens sprach der Prinz Ihre Tochter in der Messe;
des Nachmittags hat er sie auf seinem Lust — Lustschlosse.

550—562) Man beachte die Verschiedenheit der Wiederholungen
gewisser Ausdrücke durch Orsina und durch Odoardo! Jene wieder=
holt, um die Wirkung ihrer Worte zu steigern, dieser meist vor
Schrecken und Entsetzen.
558) „Ein Schlimmeres“, d. i. die Schande.

Odoardo. Sprach sie in der Messe? Der Prinz meine 570
Tochter?

Orsina. Mit einer Vertraulichkeit! mit einer Inbrunst!
— Sie hatten nichts Kleines abzureden. Und recht gut,
wenn es abgeredet worden; recht gut, wenn Ihre Tochter
freiwillig sich hierher gerettet! Sehen Sie, so ist es doch 575
keine gewaltsame Entführung, sondern bloß ein kleiner —
kleiner Meuchelmord.

Odoardo. Verleumdung! verdammte Verleumdung!
Ich kenne meine Tochter. Ist es Meuchelmord, so ist es
auch Entführung. — (Blickt wild um sich und stampft und schäumt.) 580
Nun Claudia? Nun Mütterchen? — Haben wir nicht
Freude erlebt! O des gnädigen Prinzen! O der ganz be=
sondern Ehre!

Orsina. Wirkt es, Alter! wirkt es?

Odoardo. Da steh' ich nun vor der Höhle des Räubers 585
— (Indem er den Rock von beiden Seiten auseinanderschlägt und sich ohne Ge=
wehr sieht.) Wunder, daß ich aus Eilfertigkeit nicht auch die
Hände zurückgelassen! — (An alle Schubsäcke fühlend, wie etwas suchend.)
Nichts! gar nichts! nirgends!

Orsina. Ha, ich verstehe! — Damit kann ich aus= 590
helfen! — Ich hab' einen mitgebracht. (Einen Dolch hervorziehend.)
Da nehmen Sie! Nehmen Sie geschwind, eh uns jemand
sieht! — Auch hätte ich noch etwas, — Gift. Aber Gift
ist nur für uns Weiber, nicht für Männer. — Nehmen
Sie ihn! (Ihm den Dolch aufdringend.) Nehmen Sie! 595

Odoardo. Ich danke, ich danke. — Liebes Kind, wer
wieder sagt, daß du eine Närrin bist, der hat es mit mir
zu thun.

Orsina. Stecken Sie beiseite! geschwind beiseite! —
Mir wird die Gelegenheit versagt, Gebrauch davon zu 600
machen. Ihnen wird sie nicht fehlen, diese Gelegenheit,
und Sie werden sie ergreifen, die erste, die beste, — wenn

---

582) Bittere Erinnerung an Claudias Worte II 181.
587) „Gewehr", allgemein = Wehr, Waffe.
588) „Schubsäcke" = veraltet für Taschen.

Sie ein Mann sind. — Ich, ich bin nur ein Weib; aber
so kam ich her! fest entschlossen! — Wir, Alter, wir können
605 uns alles vertrauen.   Denn wir sind beide beleidiget; von
dem nämlichen Verführer beleidiget. — Ah, wenn Sie
wüßten, — wenn Sie wüßten, wie überschwenglich, wie
unaussprechlich, wie unbegreiflich ich von ihm beleidiget
worden und noch werde: — Sie könnten, Sie würden Ihre
610 eigene Beleidigung darüber vergessen. — Kennen Sie mich?
Ich bin Orsina, die betrogene, verlassene Orsina. — Zwar
vielleicht nur um Ihre Tochter verlassen. — Doch was
kann Ihre Tochter dafür? — Bald wird auch sie verlassen
sein. — Und dann wieder eine! — Und wieder eine! —
615 Ha! (wie in der Entzückung) welch eine himmlische Phantasie!
Wenn wir einmal alle, — wir, das ganze Heer der Ver=
lassenen, wir alle, in Bacchantinnen, in Furien verwandelt,
wenn wir alle ihn unter uns hätten, ihn unter uns zer=
rissen, zerfleischten, sein Eingeweide durchwühlten, — um
620 das Herz zu finden, das der Verräter einer jeden versprach
und keiner gab! Ha! das sollte ein Tanz werden! das sollte!

Achter Auftritt.

Claudia Galotti.   Die Vorigen.

Claudia (die im Hereintreten sich umsiehet, und sobald sie ihren Gemahl
625 erblickt, auf ihn zufliegt.) Erraten! — Ah, unser Beschützer, unser
Retter! Bist du da, Odoardo? Bist du da? — Aus ihrem
Wispern, aus ihren Mienen schloß ich es. — Was soll ich
dir sagen, wenn du noch nichts weißt? — Was soll ich
dir sagen, wenn du schon alles weißt? — Aber wir sind
630 unschuldig. Ich bin unschuldig, deine Tochter ist unschuldig!
Unschuldig, in allem unschuldig!

---

617) Wie die thebanischen Bacchantinnen, die in blinder Wut
den Herrscher Pentheus zerrissen, weil er den Bacchuskult ver=
boten hatte. — Furien, hier s. v. a. Mänaden.
627—629) Beachte die sachliche und sprachliche Antithese (Gegen=
überstellung); diese in der Redekunst als besonders wirksam empfohlen.

Odoardo (der sich bei Erblickung seiner Gemahlin zu fassen gesucht). Gut, gut. Sei nur ruhig, nur ruhig — und antworte mir. (Gegen die Orsina.) Nicht, Madame, als ob ich noch zweifelte — Ist der Graf tot?   635

Claudia. Tot.

Odoardo. Ist es wahr, daß der Prinz heute Morgen Emilien in der Messe gesprochen?

Claudia. Wahr. Aber wenn du wüßtest, welchen Schreck es ihr verursacht, in welcher Bestürzung sie nach 640 Hause kam —

Orsina. Nun, hab' ich gelogen?

Odoardo (mit einem bittern Lachen). Ich wollt' auch nicht, Sie hätten! Um wie vieles nicht!

Orsina. Bin ich wahnwitzig?   645

Odoardo (wild hin und her gehend). O! — noch bin ich es auch nicht. —

Claudia. Du gebotest mir ruhig zu sein, und ich bin ruhig. — Bester Mann, darf auch ich — ich dich bitten —

Odoardo. Was willst du? Bin ich nicht ruhig? Kann 650 man ruhiger sein, als ich bin? — (Sich zwingend.) Weiß es Emilia, daß Appiani tot ist?

Claudia. Wissen kann sie es nicht. Aber ich fürchte, daß sie es argwohnet, weil er nicht erscheinet. —

Odoardo. Und sie jammert und winselt —   655

Claudia. Nicht mehr. — Das ist vorbei, nach ihrer Art, die du kennest. Sie ist die Furchtsamste und Ent= schlossenste unsers Geschlechts. Ihrer ersten Eindrücke nie mächtig, aber nach der geringsten Überlegung in alles sich findend, auf alles gefaßt. Sie hält den Prinzen in einer 660 Entfernung; sie spricht mit ihm in einem Tone — Mache nur, Odoardo, daß wir wegkommen.

Odoardo. Ich bin zu Pferde. — Was zu thun? — Doch, Madame, Sie fahren ja nach der Stadt zurück?

Orsina. Nicht anders.   665

Odoardo. Hätten Sie wohl die Gewogenheit, meine Frau mit sich zu nehmen?

Orsina. Warum nicht? Sehr gern.

Odoardo. Claudia, — (ihr die Gräfin bekannt machend,) die
670 Gräfin Orsina, eine Dame von großem Verstande, meine
Freundin, meine Wohlthäterin. — Du mußt mit ihr herein,
um uns sogleich den Wagen heraus zu schicken. Emilia
darf nicht wieder nach Guastalla. Sie soll mit mir.

Claudia. Aber — wenn nur — Ich trenne mich un=
675 gern von dem Kinde.

Odoardo. Bleibt der Vater nicht in der Nähe? Man
wird ihn endlich doch vorlassen. Keine Einwendung! —
Kommen Sie, gnädige Frau. (Leise zu ihr.) Sie werden von
mir hören. — Komm, Claudia. (Er führt sie ab.)

Fünfter Aufzug.

Die Scene bleibt.

Erster Auftritt.

Marinelli. Der Prinz.

5 **Marinelli.** Hier, gnädiger Herr, aus diesem Fenster
können Sie ihn sehen. Er geht die Arkade auf und nieder.
— Eben biegt er ein; er kömmt. — Nein, er kehrt wieder
um — Ganz einig ist er mit sich noch nicht. Aber um
ein Großes ruhiger ist er — oder scheinet er. Für uns
10 gleichviel! — Natürlich! Was ihm auch beide Weiber in
den Kopf gesetzt haben, wird er es wagen zu äußern? —
Wie Battista gehört, soll ihm seine Frau den Wagen sogleich
herausssenden. Denn er kam zu Pferde. — Geben Sie
acht, wenn er nun vor Ihnen erscheinet, wird er ganz unter=
15 thänigst Eurer Durchlaucht für den gnädigen Schutz danken,
den seine Familie bei diesem so traurigen Zufalle hier ge=
funden; wird sich mit samt seiner Tochter zu fernerer Gnade

empfehlen; wird sie ruhig nach der Stadt bringen und es in tiefster Unterwerfung erwarten, welchen weitern Anteil Euer Durchlaucht an seinem unglücklichen, lieben Mädchen 20 zu nehmen geruhen wollen.

Der Prinz. Wenn er nun aber so zahm nicht ist? Und schwerlich, schwerlich wird er es sein. Ich kenne ihn zu gut. — Wenn er höchstens seinen Argwohn erstickt, seine Wut verbeißt, aber Emilien, anstatt sie nach der Stadt zu 25 führen, mit sich nimmt? bei sich behält? oder wohl gar in ein Kloster außer meinem Gebiete verschließt? Wie dann?

Marinelli. Die fürchtende Liebe sieht weit. Wahrlich! — Aber er wird ja nicht —

Der Prinz. Wenn er nun aber! Wie dann? Was 30 wird es uns dann helfen, daß der unglückliche Graf sein Leben darüber verloren?

Marinelli. Wozu dieser traurige Seitenblick? Vor= wärts! denkt der Sieger, es falle neben ihm Feind oder Freund. — Und wenn auch! Wenn er es auch wollte, der 35 alte Neidhart, was Sie von ihm fürchten, Prinz: — (über= legend) Das geht! Ich hab' es! — Weiter als zum Wollen soll er es gewiß nicht bringen. Gewiß nicht! — Aber daß wir ihn nicht aus dem Gesichte verlieren. — (Tritt wieder ans Fenster.) Bald hätt' er uns überrascht! Er kömmt. 40 — Lassen Sie uns ihm noch ausweichen, und hören Sie erst, Prinz, was wir auf den zu befürchtenden Fall thun müssen.

Der Prinz (drohend). Nur, Marinelli! —

Marinelli. Das unschuldigste von der Welt! 45

---

28) Vgl. die scharfsichtige Eifersucht der Orsina!

36) „Neidhart", stark im Neide, feindseliger, mißgünstiger Mensch (mhd. nit = Haß, Groll, Neid).

44) Der Prinz fürchtet, Marinelli möchte den Odoardo ähnlich beseitigen wie den Appiani.

Zweiter Auftritt.

Odoardo Galotti.

Noch niemand hier? — Gut, ich soll noch kälter wer=
den. Es ist mein Glück. — Nichts verächtlicher als ein
50 brausender Jünglingskopf mit grauen Haaren! Ich hab'
es mir so oft gesagt. Und doch ließ ich mich fortreißen,
und von wem? Von einer Eifersüchtigen, von einer vor
Eifersucht Wahnwitzigen. — Was hat die gekränkte Tugend
mit der Rache des Lasters zu schaffen? Jene allein hab'
55 ich zu retten. — Und deine Sache, — mein Sohn! mein
Sohn! — Weinen konnt' ich nie — und will es nun nicht
erst lernen — Deine Sache wird ein ganz anderer zu seiner
machen. Genug für mich, wenn dein Mörder die Frucht
seines Verbrechens nicht genießt. — Dies martere ihn mehr
60 als das Verbrechen! Wenn nun bald ihn Sättigung und
Ekel von Lüsten zu Lüsten treiben, so vergälle die Erinne=
rung, diese eine Lust nicht gebüßet zu haben, ihm den Ge=
nuß aller! In jedem Traume führe der blutige Bräutigam
ihm die Braut vor das Bette; und wenn er dennoch den
65 wollüstigen Arm nach ihr ausstreckt, so höre er plötzlich
das Hohngelächter der Hölle und erwache!

Dritter Auftritt.

Marinelli. Odoardo Galotti.

Marinelli. Wo blieben Sie, mein Herr? wo blieben Sie?
70 **Odoardo.** War meine Tochter hier?
Marinelli. Nicht sie, aber der Prinz.
Odoardo. Er verzeihe. — Ich habe die Gräfin begleitet.

---

48) Beachte, daß hier allein im ganzen Drama keine Person
des vorausgehenden Auftrittes unmittelbar auf der Bühne geblieben
ist (vgl. S. 34, Anm. zu Z. 2)!
62) „Gebüßet" = befriedigt.
72) „Er verzeihe", nämlich, daß ich ihn auf mich habe warten
lassen.

Marinelli. Nun?

Odoardo. Die gute Dame!

Marinelli. Und Ihre Gemahlin?　75

Odoardo. Ist mit der Gräfin, — um uns den Wagen sogleich heraus zu senden. Der Prinz vergönne nur, daß ich mich so lange mit meiner Tochter noch hier verweile.

Marinelli. Wozu diese Umstände? Würde sich der Prinz nicht ein Vergnügen daraus gemacht haben, sie beide, 80 Mutter und Tochter, selbst nach der Stadt zu bringen?

Odoardo. Die Tochter wenigstens würde diese Ehre haben verbitten müssen.

Marinelli. Wie so?

Odoardo. Sie soll nicht mehr nach Guastalla.　85

Marinelli. Nicht? und warum nicht?

Odoardo. Der Graf ist tot.

Marinelli. Um so viel mehr —

Odoardo. Sie soll mit mir.

Marinelli. Mit Ihnen?　90

Odoardo. Mit mir. Ich sage Ihnen ja, der Graf ist tot — wenn Sie es noch nicht wissen — Was hat sie nun weiter in Guastalla zu thun? — Sie soll mit mir.

Marinelli. Allerdings wird der künftige Aufenthalt der Tochter einzig von dem Willen des Vaters abhangen. 95 Nur vors erste —

Odoardo. Was vors erste?

Marinelli. Werden Sie wohl erlauben müssen, Herr Oberster, daß sie nach Guastalla gebracht wird.

Odoardo. Meine Tochter? nach Guastalla gebracht 100 wird? und warum?

Marinelli. Warum? Erwägen Sie doch nur —

Odoardo (hitzig.) Erwägen! erwägen! Ich erwäge, daß hier nichts zu erwägen ist. — Sie soll, sie muß mit mir.

Marinelli. O, mein Herr, — was brauchen wir uns 105 hierüber zu ereifern? Es kann sein, daß ich mich irre;

---

73) „Nun?" d. i. was sagen Sie von ihrem Geisteszustande?

daß es nicht nötig ist, was ich für nötig halte. — Der
Prinz wird es am besten zu beurteilen wissen. Der Prinz
entscheide. — Ich geh' und hole ihn.

---

110   ### Vierter Auftritt.

Odoardo Galotti.

Wie? — Nimmermehr! — Mir vorschreiben, wo sie
hin soll? — Mir sie vorenthalten? — Wer will das?
Wer darf das? — Der hier alles darf, was er will? Gut,
115 gut; so soll er sehen, wie viel auch ich darf, ob ich es schon
nicht dürfte! Kurzsichtiger Wüterich! Mit dir will ich es
wohl aufnehmen. Wer kein Gesetz achtet, ist ebenso mächtig,
als wer kein Gesetz hat. Das weißt du nicht? Komm
an! komm an! — Aber sieh da! Schon wieder, schon
120 wieder rennt der Zorn mit dem Verstande davon. — Was
will ich? Erst müßt' es doch geschehen sein, worüber ich
tobe. Was plaudert nicht eine Hofschranze! Und hätte
ich ihn doch nur plaudern lassen! Hätte ich seinen Vor=
wand, warum sie wieder nach Guastalla soll, doch nur an=
125 gehört! — So könnte ich mich jetzt auf eine Antwort gefaßt
machen. — Zwar auf welchen kann mir eine fehlen? —
Sollte sie mir aber fehlen; sollte sie — Man kömmt. Ruhig,
alter Knabe, ruhig!

Fünfter Auftritt.

130   #### Der Prinz. Marinelli. Odoardo Galotti.

Der Prinz. Ah, mein lieber, rechtschaffner Galotti,
— so etwas muß auch geschehen, wenn ich Sie bei mir

---

119) „Komm an! komm an!" Zuruf wie eines herausfordern=
den Fechters.
122) „Hofschranze" (= feiler, augendienerischer Höfling, von
mhd. schranz geschlitztes Kleid, dann junger, geputzter Mann) hat
sonst männliches Geschlecht.

sehen soll. Um ein Geringeres thun Sie es nicht. Doch
keine Vorwürfe!

Odoardo. Gnädiger Herr, ich halte es in allen Fällen 135
für unanständig, sich zu seinem Fürsten zu drängen. Wen
er kennt, den wird er fordern lassen, wenn er seiner bedarf.
Selbst itzt bitte ich um Verzeihung —

Der Prinz. Wie manchem andern wollte ich diese stolze
Bescheidenheit wünschen! — Doch zur Sache. Sie werden 140
begierig sein, Ihre Tochter zu sehen. Sie ist in neuer
Unruhe wegen der plötzlichen Entfernung einer so zärtlichen
Mutter. — Wozu auch diese Entfernung? Ich wartete nur,
daß die liebenswürdige Emilie sich völlig erholet hätte, um
beide im Triumphe nach der Stadt zu bringen. Sie haben 145
mir diesen Triumph um die Hälfte verkümmert; aber ganz
werde ich mir ihn nicht nehmen lassen.

Odoardo. Zu viel Gnade! — Erlauben Sie, Prinz,
daß ich meinem unglücklichen Kinde alle die mannigfaltigen
Kränkungen erspare, die Freund und Feind, Mitleid und 150
Schadenfreude in Guastalla für sie bereit halten.

Der Prinz. Um die süßen Kränkungen des Freundes
und des Mitleids würde es Grausamkeit sein, sie zu bringen.
Daß aber die Kränkungen des Feindes und der Schadenfreude sie nicht erreichen sollen, dafür, lieber Galotti, lassen 155
Sie mich sorgen.

Odoardo. Prinz, die väterliche Liebe teilt ihre Sorge
nicht gern. — Ich denke, ich weiß es, was meiner Tochter
in ihren itzigen Umständen einzig ziemet. — Entfernung aus
der Welt, — ein Kloster, — sobald als möglich. 160

Der Prinz. Ein Kloster?

Odoardo. Bis dahin weine sie unter den Augen ihres
Vaters.

Der Prinz. So viel Schönheit soll in einem Kloster
verblühen? — Darf eine einzige fehlgeschlagene Hoffnung 165
uns gegen die Welt so unversöhnlich machen? — Doch

---

152) „Die süßen Kränkungen des Freundes." Wie zu verstehen?

allerdings: dem Vater hat niemand einzureden. Bringen
Sie Ihre Tochter, Galotti, wohin Sie wollen.

Odoardo (gegen Marinelli). Nun, mein Herr?

170 **Marinelli.** Wenn Sie mich sogar auffordern! —

Odoardo. O mit nichten, mit nichten.

Der Prinz. Was haben Sie beide?

Odoardo. Nichts, gnädiger Herr, nichts. — Wir er=
wägen bloß, welcher von uns sich in Ihnen geirret hat.

175 **Der Prinz.** Wie so? — Reden Sie, Marinelli.

Marinelli. Es geht mir nahe, der Gnade meines Fürsten
in den Weg zu treten. Doch wenn die Freundschaft ge=
bietet, vor allem in ihm den Richter aufzufordern —

Der Prinz. Welche Freundschaft? —

180 **Marinelli.** Sie wissen, gnädiger Herr, wie sehr ich
den Grafen Appiani liebte, wie sehr unser beider Seelen
ineinander verwebt schienen —

Odoardo. Das wissen Sie, Prinz? So wissen Sie
es wahrlich allein.

185 **Marinelli.** Von ihm selbst zu seinem Rächer bestellet —

Odoardo. Sie?

Marinelli. Fragen Sie nur Ihre Gemahlin. Mari=
nelli, der Name Marinelli war das letzte Wort des sterben=
den Grafen, und in einem Tone! in einem Tone! — Daß
190 er mir nie aus dem Gehöre komme, dieser schreckliche Ton,
wenn ich nicht alles anwende, daß seine Mörder entdeckt
und bestraft werden!

Der Prinz. Rechnen Sie auf meine kräftigste Mit=
wirkung.

195 **Odoardo.** Und meine heißesten Wünsche! — Gut, gut!
— Aber was weiter?

Der Prinz. Das frag' ich, Marinelli.

Marinelli. Man hat Verdacht, daß es nicht Räuber
gewesen, welche den Grafen angefallen.

188—190) Marinelli wiederholt hier die Worte Claudias (III
400—404) und legt sie sich in seinem Sinne zurecht.

Odoardo (höhnisch). Nicht? wirklich nicht?   200

Marinelli. Daß ein Nebenbuhler ihn aus dem Wege räumen laffen.

Odoardo (bitter). Ei! Ein Nebenbuhler?

Marinelli. Nicht anders.

Odoardo. Nun dann, — Gott verdamm' ihn, den   205 meuchelmörderifchen Buben!

Marinelli. Ein Nebenbuhler, und ein begünftigter Nebenbuhler —

Odoardo. Was? ein begünftigter? — Was fagen Sie?

Marinelli. Nichts, als was das Gerüchte verbreitet.   210

Odoardo. Ein begünftigter? von meiner Tochter be= günftiget?

Marinelli. Das ift gewiß nicht. Das kann nicht fein. Dem widerfprech' ich, troß Ihnen. — Aber bei dem allen, gnädiger Herr, — denn das gegründetfte Vorurteil wieget   215 auf der Wage der Gerechtigkeit fo viel als nichts: — bei dem allen wird man doch nicht umhin können, die fchöne Unglückliche darüber zu vernehmen.

Der Prinz. Ja wohl, allerdings.

Marinelli. Und wo anders? wo kann das anders ge=   220 fchehen als in Guaftalla?

Der Prinz. Da haben Sie recht, Marinelli; da haben Sie recht. — Ja fo das verändert die Sache, lieber Galotti. Nicht wahr? Sie fehen felbft —

Odoardo. O ja, ich fehe — Ich fehe, was ich fehe.   225 — Gott! Gott!

Der Prinz. Was ift Ihnen? Was haben Sie mit fich?

Odoardo. Daß ich es nicht vorausgefehen, was ich da fehe. Das ärgert mich, weiter nichts. — Nun ja; fie foll wieder nach Guaftalla. Ich will fie wieder zu ihrer Mutter   230 bringen, und bis die ftrengfte Unterfuchung fie freigefprochen, will ich felbft aus Guaftalla nicht weichen. Denn wer weiß,

---

214) „Troß Ihnen" = fo fehr, wie Sie nur immer wider= fprechen können.

— (mit einem bittern Lachen) wer weiß, ob die Gerechtigkeit nicht auch nötig findet, mich zu vernehmen.

235 **Marinelli.** Sehr möglich! In solchen Fällen thut die Gerechtigkeit lieber zu viel als zu wenig. — Daher fürchte ich sogar —

Der Prinz. Was? was fürchten Sie?

Marinelli. Man werde vorderhand nicht verstatten 240 können, daß Mutter und Tochter sich sprechen.

Odoardo. Sich nicht sprechen?

Marinelli. Man werde genötiget sein, Mutter und Tochter zu trennen.

Odoardo. Mutter und Tochter zu trennen?

245 **Marinelli.** Mutter und Tochter und Vater. Die Form des Verhörs erfordert diese Vorsichtigkeit schlechterdings. Und es thut mir leid, gnädiger Herr, daß ich mich ge=zwungen sehe, ausdrücklich darauf anzutragen, wenigstens Emilien in eine besondere Verwahrung zu bringen.

250 **Odoardo.** Besondere Verwahrung? — Prinz! Prinz! — Doch ja; freilich, freilich! Ganz recht, in eine besondere Verwahrung! Nicht, Prinz? nicht? — O wie fein die Gerechtigkeit ist! Vortrefflich! (Fährt schnell nach dem Schubsacke, in welchem er den Dolch hat.)

255 **Der Prinz** (schmeichelnd auf ihn zutretend). Fassen Sie sich, lieber Galotti —

Odoardo (beiseite, indem er die Hand leer wieder herauszieht). Das sprach sein Engel!

Der Prinz. Sie sind irrig; Sie verstehen ihn nicht. 260 Sie denken bei dem Worte Verwahrung wohl gar an Ge=fängnis und Kerker.

Odoardo. Lassen Sie mich daran denken, und ich bin ruhig!

Der Prinz. Kein Wort von Gefängnis, Marinelli! 265 Hier ist die Strenge der Gesetze mit der Achtung gegen unbescholtene Tugend leicht zu vereinigen. Wenn Emilia in besondere Verwahrung gebracht werden muß, so weiß ich schon — die alleranständigste. Das Haus meines Kanzlers

— Keinen Widerspruch, Marinelli! — Da will ich sie selbst hinbringen, da will ich sie der Aufsicht einer der würdigsten 270 Damen übergeben. Die soll mir für sie bürgen, haften. — Sie gehen zu weit, Marinelli, wirklich zu weit, wenn Sie mehr verlangen. — Sie kennen doch, Galotti, meinen Kanzler Grimaldi und seine Gemahlin?

Odoardo. Was sollt' ich nicht? Sogar die liebens= 275 würdigen Töchter dieses edeln Paares kenn' ich. Wer kennt sie nicht? — (zu Marinelli.) Nein, mein Herr, geben Sie das nicht zu. Wenn Emilia verwahret werden muß, so müsse sie in dem tiefsten Kerker verwahret werden. Dringen Sie darauf, ich bitte Sie. — Ich Thor, mit meiner Bitte! ich 280 alter Geck! — Ja wohl hat sie recht, die gute Sibylle: Wer über gewisse Dinge seinen Verstand nicht verlieret, der hat keinen zu verlieren!

Der Prinz. Ich verstehe Sie nicht. — Lieber Galotti, was kann ich mehr thun? — Lassen Sie es dabei, ich 285 bitte Sie. — Ja, ja, in das Haus meines Kanzlers! da soll sie hin, da bring' ich sie selbst hin; und wenn ihr da nicht mit der äußersten Achtung begegnet wird, so hat mein Wort nichts gegolten. Aber sorgen Sie nicht. — Dabei bleibt es! dabei bleibt es! — Sie selbst, Galotti, mit sich können es 290 halten, wie Sie wollen. Sie können uns nach Guastalla folgen; Sie können nach Sabionetta zurückkehren, wie Sie wollen. Es wäre lächerlich, Ihnen vorzuschreiben. — Und nun, auf Wiedersehen, lieber Galotti! — Kommen Sie, Marinelli, es wird spät.   295

Odoardo (der in tiefen Gedanken gestanden). Wie? so soll ich sie gar nicht sprechen, meine Tochter? Auch hier nicht?

---

281) Sibyllen hießen im Altertum weissagende Frauen (Sibylle = θεο-βούλη Gottes Willen verkündend). Hier heißt Orsina so, weil sie gleichsam in der Verzücktheit des Wahnsinnes die Wahrheit verkündet hat.

290) „Sie selbst, Galotti, mit sich können es halten", statt können es mit sich halten. Durch die Einschiebung der Anrede wird die Stellung für uns noch härter.

295) Beachte den Hinweis auf die Zeit (Einheit der Zeit)!

— Ich laſſe mir ja alles gefallen; ich finde ja alles ganz
vortrefflich. Das Haus eines Kanzlers iſt natürlicherweiſe
300 eine Freiſtatt der Tugend. O, gnädiger Herr, bringen Sie
ja meine Tochter dahin; nirgends anders als dahin. —
Aber ſprechen wollt' ich ſie doch gerne vorher. Der Tod
des Grafen iſt ihr noch unbekannt. Sie wird nicht be=
greifen können, warum man ſie von ihren Eltern trennet.
305 Ihr jenen auf gute Art beizubringen, ſie dieſer Trennung
wegen zu beruhigen, — muß ich ſie ſprechen, gnädiger Herr,
muß ich ſie ſprechen.

    Der Prinz. So kommen Sie denn —

    Odoardo. O, die Tochter kann auch wohl zu dem
310 Vater kommen. — Hier, unter vier Augen, bin ich gleich
mit ihr fertig. Senden Sie mir ſie nur, gnädiger Herr.

    Der Prinz. Auch das! — O Galotti, wenn Sie mein
Freund, mein Führer, mein Vater ſein wollten! (Der Prinz
und Marinelli gehen ab.)

315 ## Sechſter Auftritt.

    Odoardo Galotti (ihm nachſehend, nach einer Pauſe). Warum
nicht? — Herzlich gern. — Ha! ha! ha! — (Blickt wild
umher). Wer lacht da? — Bei Gott, ich glaub', ich war
es ſelbſt. — Schon recht! Luſtig, luſtig! Das Spiel geht
320 zu Ende. So oder ſo! — Aber —— (Pauſe) wenn ſie mit ihm
ſich verſtünde? Wenn es das alltägliche Poſſenſpiel wäre?
Wenn ſie es nicht wert wäre, was ich für ſie thun will?
— (Pauſe). Für ſie thun will? Was will ich denn für ſie
thun? — Hab' ich das Herz, es mir zu ſagen? — Da
325 denk' ich ſo was! So was, was ſich nur denken läßt. —
Gräßlich! Fort! fort! Ich will ſie nicht erwarten. Nein!
— (Gegen den Himmel.) Wer ſie unſchuldig in dieſen Abgrund
geſtürzt hat, der ziehe ſie wieder heraus. Was braucht er
meine Hand dazu? Fort! (Er will gehen und ſieht Emilien kommen.)
330 Zu ſpät! Ah! er will meine Hand, er will ſie!

----

311) „Bin ich gleich mit ihr fertig.“ Beachte die zweideutige Rede!

Siebenter Auftritt.

Emilia. Odoardo.

Emilia. Wie? Sie hier, mein Vater? — Und nur Sie? — Und meine Mutter? nicht hier? — Und der Graf? nicht hier? — Und Sie so unruhig, mein Vater? 335

Odoardo. Und du so ruhig, meine Tochter?

Emilia. Warum nicht, mein Vater? — Entweder ist nichts verloren oder alles. Ruhig sein können und ruhig sein müssen, kömmt es nicht auf eines?

Odoardo. Aber, was meinest du, daß der Fall ist? 340

Emilia. Daß alles verloren ist, — und daß wir wohl ruhig sein müssen, mein Vater.

Odoardo. Und du wärest ruhig, weil du ruhig sein mußt? — Wer bist du? Ein Mädchen? und meine Tochter? So sollte der Mann und der Vater sich wohl vor dir 345 schämen? — Aber laß doch hören: was nennest du alles verloren? — daß der Graf tot ist?

Emilia. Und warum er tot ist! Warum! — Ha, so ist es wahr, mein Vater? So ist sie wahr, die ganze schreckliche Geschichte, die ich in dem nassen und wilden 350 Auge meiner Mutter las? — Wo ist meine Mutter? Wo ist sie hin, mein Vater?

Odoardo. Voraus; — wenn wir anders ihr nachkommen.

Emilia. Je eher, je besser. Denn wenn der Graf tot ist, wenn er darum tot ist, — darum! was verweilen wir 355 noch hier? Lassen Sie uns fliehen, mein Vater!

Odoardo. Fliehen? — Was hätt' es dann für Not? — Du bist, du bleibst in den Händen deines Räubers.

Emilia. Ich bleibe in seinen Händen?

Odoardo. Und allein, ohne deine Mutter, ohne mich. 360

---

348) Emilia durchschaut den Zusammenhang der Ereignisse, die sich seit dem Morgen (seit dem Besuche des Prinzen in der Kirche) zugetragen haben.

357) „Fliehen? — Was hätt' es dann für Not?" d. i. wenn wir fliehen könnten, hätte es keine Not.

Emilia. Ich allein in seinen Händen? — Nimmer=
mehr, mein Vater. — Oder Sie sind nicht mein Vater.
— Ich allein in seinen Händen? — Gut, lassen Sie mich
nur; lassen Sie mich nur. — Ich will doch sehn, wer
365 mich hält, — wer mich zwingt, — wer der Mensch ist,
der einen Menschen zwingen kann.

Odoardo. Ich meine, du bist ruhig, mein Kind.

Emilia. Das bin ich. Aber was nennen Sie ruhig
sein? Die Hände in den Schoß legen? Leiden, was man
370 nicht sollte? Dulden, was man nicht dürfte?

Odoardo. Ha! wenn du so denkest! — Laß dich um=
armen, meine Tochter! — Ich hab' es immer gesagt: das
Weib wollte die Natur zu ihrem Meisterstücke machen. Aber
sie vergriff sich im Thone, sie nahm ihn zu fein. Sonst
375 ist alles besser an euch als an uns. — Ha, wenn das
deine Ruhe ist, so habe ich meine in ihr wieder gefunden!
Laß dich umarmen, meine Tochter! — Denke nur: unter
dem Vorwande einer gerichtlichen Untersuchung — o des
höllischen Gaukelspieles! — reißt er dich aus unsern Armen
380 und bringt dich zur Grimaldi.

Emilia. Reißt mich? bringt mich? — Will mich reißen,
will mich bringen: will! will! — Als ob wir, wir keinen
Willen hätten, mein Vater!

Odoardo. Ich ward auch so wütend, daß ich schon
385 nach diesem Dolch griff, (ihn herausziehend) um einem von beiden
— beiden! — das Herz zu durchstoßen.

Emilia. Um des Himmels willen nicht, mein Vater!
— Dieses Leben ist alles, was die Lasterhaften haben. —
Mir, mein Vater, mir geben Sie diesen Dolch.

390   **Odoardo.** Kind, es ist keine Haarnadel.

---

366) Vgl. dazu Nathan d. W. I 3: Kein Mensch muß müssen.
388) Vgl. hiezu, was Schiller in Maria Stuart IV 4 Mortimer
in seiner Sterbescene über Leicester sagen läßt:
    Auch nicht im Tode mag ich deinen Bund,
    Das Leben ist das einz'ge Gut der Schlechten.

Emilia. So werde die Haarnadel zum Dolche! —
Gleichviel.

Odoardo. Was? Dahin wär' es gekommen? Nicht
doch; nicht doch! Besinne dich. — Auch du hast nur ein
Leben zu verlieren.   395

Emilia. Und nur eine Unschuld!

Odoardo. Die über alle Gewalt erhaben ist. —

Emilia. Aber nicht über alle Verführung. — Gewalt!
Gewalt! wer kann der Gewalt nicht trotzen? Was Ge=
walt heißt, ist nichts: Verführung ist die wahre Gewalt! 400
— Ich habe Blut, mein Vater, so jugendliches, so warmes
Blut als eine. Auch meine Sinne sind Sinne. Ich stehe
für nichts. Ich bin für nichts gut. Ich kenne das Haus
der Grimaldi. Es ist das Haus der Freude. Eine Stunde
da unter den Augen meiner Mutter — und es erhob sich
so mancher Tumult in meiner Seele, den die strengsten
Übungen der Religion kaum in Wochen besänftigen konnten!
— Der Religion! Und welcher Religion? — Nichts
Schlimmers zu vermeiden, sprangen Tausende in die Fluten
und sind Heilige! — Geben Sie mir, mein Vater, diesen 410
Dolch.

Odoardo. Und wenn du ihn kenntest, diesen Dolch! —

Emilia. Wenn ich ihn auch nicht kenne! — Ein un=
bekannter Freund ist auch ein Freund. — Geben Sie mir
ihn, mein Vater; geben Sie mir ihn.   415

Odoardo. Wenn ich dir ihn nun gebe — da! (Gibt
ihr ihn.)

Emilia. Und da! (Im Begriffe sich damit zu durchstoßen, reißt der
Vater ihr ihn wieder aus der Hand.)

Odoardo. Sieh, wie rasch! — Nein, das ist nicht für 420
deine Hand.

Emilia. Es ist wahr, mit einer Haarnadel soll ich —

---

409) „Nichts Schlimmers zu vermeiden", d. i. um nichts anderes
als eben dieses Schlimme zu vermeiden.

412) „Wenn du ihn kenntest", d. i. wenn du wüßtest, daß ihn
eine lasterhafte Nebenbuhlerin gereicht hat, um ihre Eifersucht und
Rache zu kühlen.

(Sie fährt mit der Hand nach dem Haare, eine zu suchen, und bekommt die Rose zu fassen.) Du noch hier? — Herunter mit dir! Du gehörest
425 nicht in das Haar einer, — wie mein Vater will, daß ich werden soll!

Odoardo. O, meine Tochter!

Emilia. O, mein Vater, wenn ich Sie erriete! — Doch nein; das wollen Sie auch nicht. Warum zauderten Sie
430 sonst? — (In einem bittern Tone, während sie die Rose zerpflückt.) Ehedem wohl gab es einen Vater, der seine Tochter von der Schande zu retten, ihr den ersten, den besten Stahl in das Herz senkte — ihr zum zweiten das Leben gab. Aber alle solche Thaten sind von ehedem! Solcher Väter gibt es
435 keinen mehr!

Odoardo. Doch, meine Tochter, doch! (Indem er sie durchsicht.) Gott, was hab' ich gethan! (Sie will sinken, und er faßt sie in seine Arme.)

Emilia. Eine Rose gebrochen, ehe der Sturm sie entblättert. — Lassen Sie mich sie küssen, diese väterliche Hand.

Achter Auftritt.

Der Prinz. Marinelli. Die Vorigen.

Der Prinz (im Hereintreten). Was ist das? — Ist Emilien
445 nicht wohl?

Odoardo. Sehr wohl, sehr wohl!

Der Prinz (indem er näher kömmt). Was seh' ich? — Entsetzen!

Marinelli. Weh mir!

Der Prinz. Grausamer Vater, was haben Sie gethan?
450 **Odoardo.** Eine Rose gebrochen, ehe der Sturm sie entblättert. — War es nicht so, meine Tochter?

Emilia. Nicht Sie, mein Vater — Ich selbst — ich selbst —

Odoardo. Nicht du, meine Tochter; — nicht du! —
455 Gehe mit keiner Unwahrheit aus der Welt. Nicht du, meine Tochter! Dein Vater, dein unglücklicher Vater!

Emilia. Ah — mein Vater — (Sie stirbt, und er legt sie sanft auf den Boden.)

Odoardo. Zieh hin! — Nun da, Prinz! Gefällt sie Ihnen noch? Reizt sie noch Ihre Lüste? Noch in diesem 46(Blute, das wider Sie um Rache schreiet? (Nach einer Pause.) Aber Sie erwarten, wo das alles hinaus soll? Sie erwarten vielleicht, daß ich den Stahl wider mich selbst kehren werde, um meine That wie eine schale Tragödie zu zu beschließen? — Sie irren sich. Hier! (Indem er ihm den Dolch 46! vor die Füße wirft.) Hier liegt er, der blutige Zeuge meines Verbrechens! Ich gehe und liefere mich selbst in das Gefängnis. Ich gehe und erwarte Sie als Richter. — Und dann dort — erwarte ich Sie vor dem Richter unser aller!

Der Prinz (nach einigem Stillschweigen, unter welchem er den Körper mit Entsetzen und Verzweiflung betrachtet, zu Marinelli). Hier! heb' ihn auf. — Nun? Du bedenkst dich? — Elender! — (Indem er ihm den Dolch aus der Hand reißt.) Nein, dein Blut soll mit diesem Blute sich nicht mischen. — Geh, dich auf ewig zu verbergen! Geh! sag' ich. — Gott! Gott! — Ist es zum Unglücke so mancher nicht genug, daß Fürsten Menschen sind? müssen sich auch noch Teufel in ihren Freund verstellen?

---

477) Für so manche Menschen ist es unheilvoll, wenn ihre Fürsten nicht über den Durchschnittsmenschen erhaben sind; noch viel schlimmer, wenn die Berater der Fürsten Charaktere wie Marinelli sind (darnach also der Prinz und Marinelli gleich schuldvoll; auch Odoardo wußte nicht (V 385), wen von beiden er durchbohren sollte).